POESÍA

149

PROTOCOLOS
(1973-2003)

Álvaro Pombo

Prólogo de José Antonio Marina

LUMEN

Papel certificado por el Forest Stewardship Council®

Primera edición: mayo de 2004
Primera reimpresión: enero de 2025

© 2004, Álvaro Pombo
© 2004, José Antonio Marina, por el prólogo
© 2004, Ernesto Calabuig, por el epílogo
© 2004, Wesley Weaver, por el estudio
© 2004, Penguin Random House Grupo Editorial, S. A. U.
Travessera de Gràcia, 47-49. 08021 Barcelona

Penguin Random House Grupo Editorial apoya la protección de la propiedad intelectual. La propiedad intelectual estimula la creatividad, defiende la diversidad en el ámbito de las ideas y el conocimiento, promueve la libre expresión y favorece una cultura viva. Gracias por comprar una edición autorizada de este libro y por respetar las leyes de propiedad intelectual al no reproducir ni distribuir ninguna parte de esta obra por ningún medio sin permiso. Al hacerlo está respaldando a los autores y permitiendo que PRHGE continúe publicando libros para todos los lectores. De conformidad con lo dispuesto en el artículo 67.3 del Real Decreto Ley 24/2021, de 2 de noviembre, PRHGE se reserva expresamente los derechos de reproducción y de uso de esta obra y de todos sus elementos mediante medios de lectura mecánica y otros medios adecuados a tal fin. Diríjase a CEDRO (Centro Español de Derechos Reprográficos, http://www.cedro.org) si necesita reproducir algún fragmento de esta obra.

Printed in Spain – Impreso en España

ISBN: 978-84-264-1446-5
Depósito legal: B-18.696-2004

Compuesto en M. I. Maquetación, S. L.
Impreso en Unigraf, Móstoles (Madrid)

H 4 1 4 4 6 X

PRÓLOGO*

El éxito de la narrativa de Álvaro Pombo ha hecho que su poesía pase sigilosamente, casi de puntillas, de incógnito, por el paisaje literario español. Un fenómeno injusto a todas luces, porque se trata de una obra brillante e innovadora, que contiene, además, la clave del resto de su literatura. Esta reivindicación es, pues, un acto de justicia.

Conocí a Álvaro Pombo en el Colegio Mayor, recién llegados ambos de la provincia. Yo, un toledano de nacimiento y de educación. Le interesaba apasionadamente la poesía, y comenzó a interesarle, también apasionadamente, la filosofía. Deambulaba por el mundo llevando a Rilke en la cabeza y un gigantesco *Index aristotelicum* bajo el brazo. Tenía un cierto aire de aguilucho, y una afable ironía atrincherada tras las gafas. Por entonces no pensaba en escribir novelas, o al menos no lo decía. Tal vez porque aspiraba a la escritura total, que sólo puede alcanzarse en un momento de exaltación, compatible con la elaboración de un poema, pero no de una novela. Repetía con frecuencia un verso de Wallace Stevens:

> *If one is to be a poet at all,*
> *one ought to be a poet constantly.*

En aquel momento estaba decidido a ser permanentemente un poeta, lo que supone transfigurar literariamente la realidad. La narrativa le parecía entonces estilísticamente destensada. Tiene que contar

---

* Este texto de José Antonio Marina fue escrito expresamente para esta edición. *(N. del E.)*.

demasiados tiempos muertos, explicar, antes de la escena, que la habitación tenía dos puertas o que doña Pura tuvo que dejar en el suelo las bolsas de la compra, antes de abrir el buzón y coger una carta. Temía que con tanta minucia cotidiana el estilo se agarbanzase un poco. El poeta tenía que hablar siempre movido por el entusiasmo, por esa *theia mania* de que hablaba Platón. Es el vidente, el que llega más lejos, más alto y más profundo. El que descubre un plano de realidad distinto del cotidiano. No está para escribir sucesos.

Esta dualidad de planos, esta dualidad de mundos, descubierta y cultivada en la adolescencia, ha permanecido indestructible en la obra de Pombo. Le he oído confesar muchas veces su fascinación por *La náusea*, de Sartre, por su capacidad para describir con precisión estados metaestables, archicomplejos y sutiles. Para él, esa novela es un ejemplo de la eficacia cognoscitiva de la literatura. A lo largo del libro, el protagonista, Antoine Roquentin, se ha ido empantanando en lo viscoso, viviendo lúcidamente su fracaso. Está convencido de que llevará una vida de hongo hasta el fin de sus días, sabe que su única salvación sería hacer algo, crear existencia, pero lo rechaza: «Ya hay demasiada existencia». Perdida ya toda esperanza, experimenta inesperadamente una revelación estética. Está en el café, la cerveza está tibia y pegajosa en el fondo del vaso, hay manchas pardas en el espejo, siente que está de más, que la realidad entera es un conglomerado pastoso de pasiones inútiles, pero, en ese instante, comienza a sonar una melodía de jazz. Una negra canta. La belleza de esa música es una inapelable justificación de la existencia. Roquentin vislumbra la salvación, quiere escribir un libro, la historia de algo que no pueda suceder, de una aventura. «Tendría que ser bella y dura como el acero, y que avergonzara a la gente de su existencia». Pombo es muy sartriano al admitir dos campos de realidad. El de una existencia blanda, pulposa, abandonada, y el de una realidad vibrante, bella, dura y exaltada. Unas veces escribe en un lado y otras en otro. Por eso hay en su obra una literatura de la opacidad y otra literatura de la luz. La obra de Álvaro

Pombo es un vaivén continuo de un plano al otro. Del platonismo al antiplatonismo. Habíamos leído cosas distintas. A mí me interesaba la literatura francesa y anglosajona. Acababa de descubrir a Camus, al Saint-Exupéry de *Vuelo nocturno*, a Bernanos, a Graham Greene, a Steinbeck, y cada vez dedicaba más tiempo al teatro. A Pombo, además de la poesía, le interesaba Thomas Mann, en especial *Doctor Faustus*, una novela que yo no había leído. Le parecía que esa obra aclaraba la realidad mucho más poderosamente que la mejor de las filosofías. Hablaba de la índole misteriosa, fáustica, demoníaca de la creación. En ese momento, Pombo, un artista adolescente, creía todavía en la excepcionalidad del poeta.

Publicamos nuestros primeros escritos en una revista que fundamos. Mi contribución fue un presuntuoso artículo: «Física y filosofía», la de Álvaro un precioso escrito titulado «Rainer Maria Rilke: la realidad como misión». Como tal vez no haya más ejemplares de esa efímera revista que el mío, transcribiré algunos párrafos de ese artículo para salvarlos del olvido. Está escrito en 1958, cuando el autor contaba diecinueve años. Para entonces ya pensaba que la poesía tiene una función cognoscitiva, lo que la fuerza a ser muy objetiva y muy poco sentimental. El poeta es el que ve lo que los demás no ven.

> El artista toma sus propios sentimientos y en lugar de decirlos arrastrando en ellos su peculiar sensación del mundo, los pone ante sí, los «objetiva» narrándolos como otra cosa más entre las cosas.

Esos sentimientos son reveladores de la realidad. Nacemos en un mundo que no entendemos, y al que vamos nombrando.

> Nada se entiende porque ni nosotros mismos nos entendemos bien. Ni los juguetes están muy claros; no tiene síntesis este vivir primero, es sólo vivir, vivir. Al cabo de los años las cosas se hacen «resistencia», objetos impenetrables, y el hombre –biológicamente incluso– se dis-

tancia y afirma ante las realidades vitales. A estos dos conocimientos, «en vida uno» –sin distinción entre reflexión y experiencia– y otro «desde el entendimiento», responden dos tipos de objetos: los que hemos llamado cosas y los propiamente objetivos de cuya realidad participamos abstractivamente. Su naturaleza, sin embargo, no es muy distinta; de esta suerte, la variación afecta sólo al modo de entender, y es posible un regreso, una nueva etapa de infantil comunicación con la vida. Precisamente con la vida en sus más simples manifestaciones: el claror primaveral, las estrellas, el amor adolescente. Ahora bien, el que estas cosas sean entendidas como tales supone en el hombre una tensión terrible, definitiva y, en consecuencia, sólo aceptable como misión, por un especialísimo designio de lo eterno. El peso, lo difícil y grave de la existencia radica en la oscuridad de las cosas ante nosotros.

Durante cuarenta años hemos discutido sobre este asunto. Pombo cree que la misión de la poesía –de la literatura en general– es entrar en esa oscuridad y revelarla. Tiene una confianza absoluta en el poder de una cierta intuición poética, que encuentra en Rilke, Hölderlin, Eliot, Heidegger. En cambio, mi confianza no es tan inquebrantable y creo que esa experiencia poética es privada, como lo es la religiosa, y que sólo nos presenta un modo biográfico de acceso a la realidad que el filósofo debe tantear para ver si es universal o puramente subjetivo.

La poesía de Pombo es la obra de un poeta dividido. A ratos es poesía de la existencia empantanada, y a ratos es poesía de la existencia trascendente.

La existencia empantanada se expresa en:

La poesía de la falta de sustancia:

Cenaré temprano y antes de que salgan del cine las parejas de novios
habré dejado de ser en la mirada enumerativa
de la estanquera

La poesía de la desvinculación:

Yo no soy de esta ciudad ni de ninguna
he venido por casualidad y me iré por la noche

La poesía de la ironía enconada:

Enumeración
Por el alma de un intelectual
Apolítico

Un error parroquial multiplicó los difuntos
Según se dijo ambos habían muerto
Tuvo un traje marrón

Coleccionó aforismos
Sus manos fueron una mentira piadosa

Eligió pensamientos abstractos
Y numerosas contradicciones de gran mérito
También San Anselmo y Arquíloco de Paros
Bordearon la existencia imprecisa

Oh crisantemos demasiado visibles
Y demasiado caros
Hubo que desempeñar sus apotegmas

Encontramos alrededor de
Tres mil verdades selectas
No es fácil decir qué edad tendría.

La poesía de la nostalgia de lugares inexistentes:

Imaginado es todo hasta la muerte

E imaginé tu amor que no existía
E imaginé que imaginé tu amor que no existía
E imaginé que imaginé que imaginé tu amor que no existía
El olvido y la muerte fueron reales sin embargo

La poesía del fracaso:

Larga ha sido la inútil afirmación del arrepentimiento
Y la vergüenza del respeto y las voces de mando
No contéis conmigo

Camaradas no contéis conmigo: morir está al alcance
De todas las fortunas

Estropee las vistas los paisajes
Me tienen rabia
Y los amantes

Soy un caso maligno de catarro común

Pero a Pombo le cuesta mantener su poesía en esta existencia empantanada. No es lo suyo. Lo propio de la voz poética no es la ironía, sino la alabanza. Si en la poesía del fracaso se escuchaban los ecos de Eliot (*I can connect nothing with nothing*), de nuevo se impone la energía de Rilke (*Oh di, poeta, ¿qué haces tú? Yo alabo*). Desde lo profundo de esa poesía de desolación surge una voz conmovedora y buena:

Alégrate
Álvaro alégrate si la ciudad es dichosa

Emerge la poesía de la luz:

Que la luz se extienda más allá de nosotros
más allá de esta tierra devorada por sombras de sospechas de malicias

Una poesía de la exaltación de la realidad que adopta entonces alguna de las características que tradicionalmente se atribuían a Dios. La divinidad aparece como el nombre poético de la plenitud de lo real. El paso de la existencia empantanada a la existencia resuelta, se vive como una *dianoesis*, como una conversación:

Deshaz todos los reinos que he inventado mis fábulas mis nombres
porque en la nieve acumulados lirios más dulces más fríos que nosotros
dicen lo suficiente sin hablarnos

Tu nada y tu pobreza es limpia como un árbol temprano
que no recuerda nada o nadie ha visto
Oh Dios sin ser ninguno deshaz todas mis fábulas deshazme

para que vuelva no siendo ya y regrese al borde como tú
de una canción de amor aún no aprendida
oh Dios deshazme

La aniquilación de la memoria permite la recuperación de otra memoria real y transfigurada, reconciliada.

¡Oh lejanía!
Promesa ensimismada de la huerta inverniza
Mudos cerezos que fingían dormir que habían olvidado su savia petulante
E imágenes abstractas de los albaricoques

*En el verdor pacífico del mediodía de retamas recuerdos vedados de mí
mismo muy joven*

*Y flores amarillas y moradas y azules de cardos borriqueros
que nos acostumbraron a la paz laboriosa de todo aquel audaz distan-
ciamiento que tú eras
teniéndote tan cerca*

*¡Oh exaltación de ahora que nos retrae de nuevo
que arrastra hasta los cielos la continua mirada de un corazón tan jo-
ven como el tuyo!*

La naturaleza, que siempre había estado presente, como línea de
escape, en la poesía empantanada de Pombo, se convierte ahora en
manifestación de esa dimensión plena (que no me importa llamar divi-
na) de la realidad. Aparece, ante todo, como deslumbramiento:

*¡Cómo se hizo a la vida el peral trasplantado!
Audaz la savia trepó por sus sentidos
¡Cómo clamó la luz al laborioso cielo de las fotosíntesis!*

¡Y cómo fue durando a través del invierno!

El mundo, que aparecía antes incomprensible en su desvinculación,
aparece ahora incomprensible porque hace señas, se convierte en sig-
no, arrastra a una experiencia alegre, infantil, desmesurada:

*¿A qué viene este alegre revuelo de pigazas?
¿A qué viene este júbilo del sol en los botijos?
¿A qué viene este acento tan claro y confiado en mis propias palabras?
¿Y estos abecedarios con billones de lenguas con trillones de llamas?
¿Y estos niños de Ocaña que han prendido una hoguera?*

¡Oh saltos del alero!
Hay cinco jugadores jugando al baloncesto
¿A qué viene este impulso que germina en mis ojos en mis pies en mis
brazos
en los nenes los viejos las viudas los chopos que aplauden en las gradas?

Tengo el sol tan encima como una voz profunda
Como un gran corazón que inadvertido late
Como un canal de riego que riega las patatas

Pombo ha elaborado una poderosa figuración de la plenitud: la luz, el firmamento, la infancia, el juego, el fulgor de la existencia, el sol que ahora vincula, lo abierto. Y sobre todo, *El Reino*, un gigantesco mito poético que representa la culminación de la verdad, de la belleza, de la realidad, del bien.

Los antiguos hititas adoraban a Telepinu, que era el dios de las cosas. Cuando desaparecía, por la falta de hospitalidad de los humanos, la realidad entera dejaba de funcionar. La hierba no crecía, las vacas no daban leche, el agua no saciaba la sed, el fuego no calentaba. Sólo por esa ausencia la gente reconocía su anterior estar presente. La rutina había impedido a los hombres ver al dios. Álvaro Pombo desea cantar esa presencia, sin esperar continuamente pequeños milagros cotidianos, como mantener la causalidad de las cosas:

Te rogamos Señor que la jarra contenga el agua

Que los claveles chinos duren hasta el otoño
Que la luz omnívora devore nuestros planes hasta volvernos fuego
cuenca del Amazonas o yesos espejuelos
o cerezos o casas o sendas rectilíneas de tierra rastrillada o almorrones
de junio acueductos de abejas o rosales
majestuosamente conmovidos
que dejan de ser símbolos para mostrar sus rosas

Te rogamos Señor que la jarra contenga el agua
Te rogamos Señor que la jarra contenga el agua
Te rogamos Señor que la jarra contenga el agua
Ahora y en la hora de nuestra exaltación

Es hora ya de terminar. Álvaro Pombo ha traído a la poesía española, además de su belleza formal, una experiencia poética de la realidad. Esto no es tan sencillo. Experimentar es lo contrario de inventar. *Ex-periri* significa aprender a través de un viaje. El temprano descubrimiento de dos modos de estar en el mundo –el empantanado y el poético– se va corroborando, ampliando, redefiniendo a lo largo de la vida. La poesía condensa esta experiencia que la narrativa de Pombo ha desplegado. Sus primeras novelas pertenecen al mundo incomprensible por su falta de sustancia. Ese ciclo termina, precisamente, con *Los delitos insignificantes*, cuya última frase está tomada de uno de sus poemas: «Ilegible es el sol desvinculador del mundo». El platonismo de Pombo está aquí en las antípodas de la luz. El poeta está empantanado en el mundo de las imágenes engañosas y a veces aterradoras.

A partir de allí comienza el ciclo de la luz vinculadora. En esa figuración de la plenitud que ha creado –sol, firmamento, Reino– aparece un nuevo elemento: la santidad como gran revelación poética. Lo encarna en la deliciosa María de *El metro de platino iridiado*. Es, por supuesto, el argumento de su biografía de san Francisco de Asís, y también está presente en *La cuadratura del círculo*, *El cielo raso* y *Una ventana al Norte*, en estas dos últimas unido al tema de la conversión –que no tiene por qué ser religiosa en el sentido trivial de la palabra– tan importante en la evolución de la obra de Pombo.

La experiencia poética de Álvaro Pombo comenzó con una búsqueda romántica y confusa de la exaltación. En su última obra poética, *Protocolos para la rehabilitación del firmamento*, vuelve a ella. La solicita en forma de oración: «Alcánzanos Señor la exaltación de tu exaltación imantada». Pero entre ambas exaltaciones hay una larga travesía. El Álvaro Pombo de sus últimos textos es, inequívocamente, el mismo Álvaro que conocía hace cuarenta años en el Colegio Mayor, *mais réussi*. Logrado.

JOSÉ ANTONIO MARINA

PROTOCOLOS
(1973)

To James O'Shea
from Buffalo (N. Y.)

111 Aña hice caca
Nene de nobis ipsis silemus

122 Sobre el Retrato de
Leonardo Loredan
He vuelto a ver a este incisivo Leonardo Loredan

Al fondo azul donde hay él solo
A copiar este acopio
De dignidad difícil y de escuchos

O vacíos

Rostro sumido en la fijeza
De su noble máscara
Consistencia distante de un objeto

Y la equivocidad del gesto
Humano
Contenido en obra

De arte o para siempre trucado
Y desunido en ella

He vuelto a ver el envés de mi vida
Y no lo parecía
Estoy a salvo

Esto es Leonardo Loredan
(Y esto era): su Retrato

133 Souvenir de Juan Víctor Navarro
Ante Paul Klee's Abfahrt der Schiffe (1927)
De esta rada que no es igual

A radas que uno ha visto
De la luna anémona
De los débiles muelles

De esa señal anaranjada que se opone a las velas
Como se opone el puerto a la partida

¿Ves tú una ciudad detrás?

Vecindario audible de esas gigantes velas
Vigorosas interrumpidas rojas
Prendidas a madera salpicada y blanca

Aunque es de noche

Tú que vuelves
De los peligros incruentos de las tizas
Que ibas por el alba recién adivinada

Con la nariz de carboncillo y los octavios
Bombachos de papel cebolla

Has oscurecido el dulce estéril
Reino de la mirada
Para saber de veras cómo veía quien veía

Ahora desvelado aceite infiel
De girasoles
Acuarelas de lluvias a priori

Las grandes rayas de los gatos pardos

O Godofredo
Que traspapelaba el musgo artificial del Invierno
Herboso y frágil

Hace ya tantos años
Que parece ayer mismo
Por la tarde a las siete vas a la Academia

Ahora la memoria
Que empuja los misterios y los rostros
Los pelos las narices y «La Vaca Lechera»

Tierra adentro
Se parece a nosotros

Tus policarpios dedos abstinentes
Repintan nuevas selvas
La ocarina y las selvas de Silvanos del mar

144   Sobre el Retrato de un Muchacho
No se sabe
Si es cosa tuya la distancia

El rostro
Incierto y joven el incierto
Trazo de tus labios

Bien poco ahora importa
El origen de tan vasta espesura

Lejos del tiempo y del fracaso
Te acoge el lienzo firme
Sin reservas

Y firmemente te separa
De todo amor
Y de tu vida

Recuerdo bien tu delgada figura
Tus pasos alquilados
Los recién coleccionados gestos

De tus manos que el pintor desatento
Te adjudicó para siempre
Como un sombrero falso y festivo

Caminatas que hundían
La tersa arena carcomida
De la orilla

Algunos días
La desbandada lluvia
Goteaba en los patios

Hasta tu lecho llega
Su vecindario desvelado
Así sería la lluvia: como

El agitado descanso
De un adolescente
Así reverdece como una enredadera

En los nimbos de las farolas
Del muelle sumiso

Tristeza venida de otro infierno
Ilustra también éste
Familiar hilo de agua y sangre

Que turba la serenidad de las frutas

Sería injusto
Acceder de nuevo a tantas veladas inútiles
A miles de sentimientos todavía en buen uso

A caricias cuya acogida equívoca
Era la verdadera mejilla

Innegablemente simple ahora
Sin arreglo
Hallada tu figura

155 Retrato de un Niño
(El macizo de aquellos erguidos
Entreabiertos tulipanes amarillos
Hace transparente
Parece por la tarde)

El espejo confirma
La levedad del niño
El indeciso pantalón
Corto las botas
Recién inauguradas
Ese Octubre

Una desvaída corbata
Torcida amarilla
Y verde

De labios inmortales
Todavía en sus labios
Una dicha obstinada

En todo el jardín
El sol hacía islas con los árboles

166 Enumeración
Por el alma de la mujer del tratante
De espíritus

Ahora velarán los espejos
Ahora apagarán el aliento
De tres a seis

Ya no cuchichearán en el hall
No dirán: I crossed my fingers

Ahora no me malentiendo con la mujer
De mi hijo
Ahora que no hay polvo

Ahora no me duele
Ahora ya no sé si me astillan
El comedor Chippendale

Ahora se ennegrece la plata
Albert no vendrá los Miércoles

Ahora las visitas hablan de mí
Y no me hablan
Ahora no me acuerdo de mi nieto

El nombre era parte de las cosas
No casa ni una sola palabra con su objeto

Ahora el hilo de la voz no se enhebra
Ahora que nada es nada era
Tal y como era

177 Enumeración
Por el alma de un intelectual
Apolítico

Un error parroquial multiplicó los difuntos
Según se dijo ambos habían muerto
Tuvo un traje marrón

Coleccionó aforismos
Sus manos fueron una mentira piadosa
En el armario

Hallamos dos pares de zapatos
Florecen los geranios en las ventanas
Del valle

En la pulcritud opalina de esta ciudad
Limpia y vacua
En una hoja de papel se lee: esse est percipi

Pidió prestadas ochocientas
Veinticinco mil cuatrocientas setenta y una
Pesetas

Oh vanagloria subcutánea de sus adolescentes

Eligió pensamientos abstractos
Y numerosas contradicciones de gran mérito
También San Anselmo y Arquíloco de Paros

Bordearon la existencia imprecisa
Es un documento apaisado
De quinientas hojas vivaces

Oh crisantemos demasiado visibles
Y demasiado caros
Hubo que desempeñar sus apotegmas

Encontramos alrededor de
Tres mil verdades selectas
No es fácil decir qué edad tendría

En Primavera
Coleccionó aforismos
He aquí un testimonio caligráfico

188 Enumeración
Por el alma de una gata persa
Para voz humana y desconcierto
De flautas

Aunque no parecías muerta estabas muerta
Al borde de Abril estabas muerta

Te recogimos los dos –mi hermano
Y yo– a espaldas de tus ojos inmóviles de aceite

Y sin hacer oración mental por ti
Entramos en casa contigo los dos solos

No creo que tengas tiempo
Ya de ayer en adelante
Para dormitar frente a la estufa eléctrica

She was such a character

Eso se puede decir de ti
Sin ofender los sentimientos ajenos
La susceptibilidad de Dios o la abstracta

Entereza de las demás señoras
No creo que hayas ido muy lejos
Ahora es como un devocionario sin estampas

199 Elegía

Las manzanas
Las nueces en ti están

Y la lluvia perpetua
Detrás de las ventanas llanamente
Alusiva al acto
Se oye en otros sitios como entonces
A la hora de cerrar las tiendas los Jueves

2110   Aquella noche templada
–Hace ya algún tiempo–
Caminábamos bajo el firmamento ajado

Era Sábado
Dos niños se columpiaban
Entre los plátanos demasiado visibles

¿No eras tú la seguridad final?
Todo aquel cielo repleto de excepción
Cerca de la Segunda Alameda

Es una festividad demasiado dibujada
Demasiado pensada demasiado esmerada
Es un hurto
Es el hurto de una confidencia demasiado sazonada

Hoy es un día soleado de Diciembre
El desembarcadero verdinegro
Sumido en la docilidad de las aguas

Saboreado por una lengua que murmura

2211 He aquí el viento
Que todavía albergan
Las naves desguazadas

He aquí el poblado
Que todavía detiene
Al indefinido mensajero

Surca el jardín
La marejada de las nubes
Sobre la higuera y los cipreses

Sobre el césped y las petunias

Buscándote llegaba
Hasta las falsas lilas
Hasta las hileras falsas de las dalias

Hasta los visibles membrillos
Que aromaban el comedor
Y que bordeaban largo tiempo los corredores

Recorrí las estaciones muy despacio
Significaciones que nos agitaban en vano
Así una madrugada de niebla significa la confusión del hombre

He aquí nuestro azar trivial y obstinado
El Otoño de calados zapatos
Una Primavera de blancas tapias marítimas

Parecían felices
Adolescentes inciertos y felices que juegan
He olvidado todo lo que sobre vosotros me contaron
Aleccionado por la muerte

2312 En el henar de la mirada
Incapaces de enhebrar
La herencia ilustre de Ariadna

Veíamos el fondo
Como una aguja perdida
Nublada entre la paja su rutilante corona

Disfrutó de tijeras inoxidables
Y de un mapa orográfico
Era un hermoso dedal de plata

Hasta engarmarse los navíos confusos
Como brillantes anzuelos

Ofrecieron una recepción poblada de señas
Disfrazadas algunas vírgenes necias
De viudas del príncipe heredero

No pudo venir la Hermana Muerte
Pero Sor Matilde y Sor Consolación
Bailaron en su lugar turnándose

Aquel movimiento punzante lleno de compasión tenebrosa
Delante de todos sollozó el difunto Alcalde

La noche es débil por sí sola
El oxígeno escatimaba candorosamente
El tiempo dedicado a la muerte

Nieve o ramajes ligeros
O tortugas inmóviles
Prácticamente nada

Desde un principio es incomprensible
Cada terminación

2413 Rehicimos
El dibujo florido
De una porcelana rota

Y leímos en la mirada de brillantes:
Es el fin
Como una inservible llave enterrada

Recuerdo que nos abrazamos conmovidos
Porque volvió la lluvia sobre las anchas
Hojas de la higuera

Desvencijados
Como las hojas crujientes
De la higuera despoblada

Primavera Verano Otoño Invierno
Leíamos y rezábamos
Dejábamos encendida la luz toda la noche

No
Aquel día no sucedió nada extraordinario
La policía secreta nos confundió

Con españoles
No fuimos desvalijados ni forzados
El revisor por segunda vez comprobó los billetes
(Ni siquiera la sirvienta sorprendida en cuclillas
Despertó sus sospechas)

Quisiera gemir sin consideración ninguna
Sin ceder el asiento a los difuntos

Perdidos en el dormido sendero de las joyas
Incliné la cabeza
Vi el curso dorado de dos agujas entre las cifras frondosas

2514 Tú sabías
Una canción de sílabas blancas

Tú hubieras vuelto a tiempo
De la calle insegura y copiosa
Hubieras encendido las luces de la sala

Y la mantelería de hilo silencioso y cálido

Y hubieras pensado acerca de mí
Sin duda alguna
En la estación inmóvil o en Valladolid

Una hora antes del primer coche de línea
Una hora antes del café y las porras llueve todavía
Sin fondo
Sobre los encharcados kioskos de la noche

Bandadas que deshacían la alcancía del cielo
Sobre los tejados laboriosos de pueblos urdidos
En graves valles sin agua

Hermano
El atardecer es una falsa prueba de amor
Y tú lo sabes

3115 De esas palomas borrosas de estelas funerarias
Que aún en grueso retienen identidad y lluvia
Del vuelo de esas aves y la lluvia

Esbozada (al atardecer
Nos traía de vuelta el coche de línea
Éramos
Todos nosotros niños y la caída de la tarde
Parecía definitiva)

Lo siento lo lamento
Se me olvidaron los ríos de la China
Y los nombres propios de los Teleosteos

3216 No nos develaba
Tu vecindad creciente

Lentejuelas y escamas
Largas redes tendidas sobre el muro

El rubor y la virtud
Como un animal dormido
Sobre los escalones brillantes

Mediodía acabado

He visto una higuera populosa a últimos de Julio

Eran copas de plata
Cofres bajo la mar cercana
Guirnaldas móviles de un puerto indeciso

Magnolio soleado
Que emprende la tarea ebúrnea de su aroma

Iba a mi corazón de festividad en festividad
Bajo la mar cercana
Bajo la piel de aceite de la rada dormida
Hay peces nunca vistos

Y recuerdo que dioses estivales
Sonsacaban al fondo de los mares
Monedas estupefactas

3317   Cacerías silentes
Hiladas en talleres de luengas
Horas increíbles que aún resbalan

Lomos minerales que aún emergen
En esta traspillada penumbra objetiva

Castillo entre los bosques de esta
Fábula durmiente

Y las delicadas hojas olvidadizas cobrizas de estos árboles

Sombras de esta noche
A salvo

Perdido estoy desde un principio
Nadie lo sabe aún aunque lo sepa
Ya el sereno arrecido y garduño

Contra mi voluntad la muerte
Hipotecó mi casa y mis recuerdos
Soy una niña desigual muy
Quieta

Ante la cámara
Fotográfica mi vestido
Es azul claro y frío a corros
Como una Primavera lluviosa

3418 Fragancia bien ordenada
Verbena bien ordenada
O moteada de blancos bien abiertos

Así la flauta
Extiende frío contagio
A la Primavera prematura

Así los gorriones
Sobre los hilos de la luz
Así los tazones del desayuno

Y los platos de la alacena

Tú eras como la gruta
Donde no cabrían dos hombres de pie
Ahora quizá hemos llegado
Más allá de toda figuración

Desde la ventana
Que da al jardín se ve el jardín
Si se mira
Y se ve que eso es todo

3519   Adrede oscurecimos la apariencia remota
De las cosas el vecindario ingrávido
Del mundo

Aquellas cortinas eran mantos
Reales y la cama era un barco
Aún se oirá la playa inverniza en el cuarto

Aún atardecerá al atardecer

Envejecimos juntos como en una fotografía
Salimos por casualidad riendo
Dentro de otra vida

3620 Y danos la paz o lo que sea
Una clase de paz inteligible
Hecha de sumas fáciles y problemas

Fáciles de grifos y manzanas
No empujes en el Metro
A la vez todas las imágenes

De este mundo sin ti

Ven conmigo a ver Earl's Court
Y las avenidas de la tristeza sin gracia

Hay árboles que cambian de figura
Cuando graznan las aves
El pelaje soñoliento de los gatos
Que parecen amigos

Ante mí una vida alineada y dorada
Como el álbum inacabado
De una señorita intachable

Todos volvimos a verlo desolados: era
El mismo césped de la temporada pasada
Torpemente rehabilitado y acortado
Al borde de la muerte

3721 ¿Dónde irá el fragoroso
Poseidón de las playas?
El contorno marítimo

De una ciudad lejana
Como el plumaje salobre
De las gaviotas que anidan

Cerca del faro

En los acantilados inseguros
Del horizonte apenas audible

3822 Oída tristeza de la palabra lluvia
En el vano del agua
Recuerdo que murieron a la vez y de lo mismo

Ambas hermanas
Todo parecía
Leve y variable como el viento

Que sin fin empuja lentas ubres húmedas
Hierba adentro del cielo
Dócil lluvia del triduo de las ánimas

Benditas
Que encharcaban los prados del Alto de Miranda
Y la noche vecina en Las Farolas

Darán con uno
que se parece a uno que se parece a uno
Muy parecido

A mi
Fotografía del Libro Escolar de las Escuelas Pías
Los serenos los buzos la secreta

Le llorarán los niños de Colegios
En el recreo de la tarde

3923 Era Otoño madre
Que no sé volver
Sol en los zarzales

Niñas hilanderas
Hilaban la tarde
En el arboleda

Entre líneas y líneas
De emborronados días

Niñas hilanderas
Quietas en el aire
Miraban la tarde

Hay leves marinos
Solos por las calles

Arboladuras frágiles
Y velas
Que destejían en Otoño madre
Dulces huidas niñas hilanderas

4124   No tuvimos cuidado con la muerte
Olvidamos la dicha entre los árboles
Nos detuvimos en estrellas de mar

Con una palita de madera
Inquietábamos esquilas y cámbaros del fondo

Me acuerdo muy mal de los castaños
Eran las alamedas como nosotros era el día
Un solo instante inmóvil era al borde

De flores conocidas
No me acuerdo

Un día es demasiado largo
Una vida demasiado corta
Vuelve con nosotros quédate con nosotros

O por lo menos acuérdate de nosotros
De siete en adelante

You say I am repeating something I have said
Before. I shall say it again. Shall I say it again?

Había un farol al final del muelle
Había serpientes indecisas en las aguas de aceite
Había una rampa un gabarrón varado en la noche de peces

Un árbol ilegible en las hojas de la lluvia nocturna
Justo enfrente de la ventana de la sala
Un pescador incierto

Un pescador de caña impropiamente definido
Toda la noche se iba el mar
Hacia los tamarindos

4225 En el jardín hay tiempo que perder o ganar
El cielo reunido sobre hortensias de lluvia
Había un barco de sillas al revés en el césped

Avenidas de castaños mayores que nosotros
¿Quién va a venir mañana? Todos vosotros
Menos yo

El tren sale temprano
La parra virgen de la estación
El reloj festivo de números romanos

Los utensilios anónimos
No atrevernos a decirnos adiós
La bufanda

El andén de después
Los bordes del tapiz la carreta de bueyes
Que cruza para siempre el paisaje del fondo

Te amaba te enumeraba
En el tren estival aquella mañana temprano

No he olvidado tu número de teléfono

4326 Han crecido los niños
De tres vecindarios en estos años

Efemérides de los cuadernos
Que se empezaban para no terminarse
Que se dejaban con la primera hoja blanca

En blanco y que más tarde poblaron oes de
Las ortigas días de las semanas años
De cardenillo y lluvia

Dicen que la cal viva se murió y se fue al cielo
Raso de los sollozos novendiales

Me detuvieron dos veces en Atenas
Por esperar el Santo Advenimiento
Me forzaron los Guardias de la Porra

Y volví a no dormir donde no había dormido
Cinco lustros atrás
Entre el Rey de Bastos y el de Espadas

4427 Y marineros
Edulcorados por el mar
De azul
Ay Fabio

Añiles
Adolescentes
Desleídos
Torneados ciervos inmóviles

Circuidos
De silbos de sirenas
A la plancha

Mucha era
La cazalla o la madrugada
O la niebla

En el cuarto de estar
Había un grabado
Urdido por el mar

Un barco como éste

Oh sábanas de holanda
A salvo de las verdades lógicas

4528 Diástoles de fuentes
Y tallos deshilados de dioses
Y de agua

En el aire más leve de Septiembre

Criaturas de bronce a salvo de los días
A lomos traslúcidos de peces
Hábiles

Copiosas como el vino

Cuando llegó la noche
No hubo lejanía sin tramar en tus labios

Embargado Otoño
De una ciudad de un mapa

Toda la lluvia ha vuelto
Todo el mundo palabra por palabra

Acosado por varas de plátanos

Ah lo he olvidado todo
Pero he de volver
He de volver si el tiempo no lo impide

4629 Si estas islas se multiplican será pronto Septiembre
Será pronto Septiembre
Árboles de otro modo y figura

(Que no designan fines ni propósitos)
Ilimitada aparición entre la lentitud
De las dalias

Será pronto Septiembre
Habrá atrases pero no demasiados
Cuando volvamos a vernos habrá poco de todo

Por supuesto amor mío no hay distancia alguna
No hay en las distancias intención
Ontológica

Casi la misma luz sobre el árbol
Casi el mismo grupo bajo el árbol
Dicen que no faltaba más que la salvia

Y yo nos veremos más allá de la muerte

Esas montañas son del mar
De un litoral agreste que dulcificaron los siglos
Todo fue pura casualidad

Vuelo esmerilado y genérico de un ave
De una gaviota sobre el mar

Sobre dunas radas pinares falsas
Hierofanías
Donde todo sin nosotros ha terminado

4730 Tú mismo has hecho
El castillo de arena que has deshecho

Inventaste los celos los encantos
Las estancias vacías hiciste trampa
Ahora la trampa sin querer se cierra

El viento barre
Áspera hierba de las dunas el periódico
De una excursión amarillenta
Se abraza a tus rodillas

La noche te hallará cenando
En una fonda despintada el mantel de hule
A cuadros blancos y rojos evocará jarras
De vino fresco

Ha pasado tu vida la vida que inventaste
Sin descanso
Ahora el descanso odioso la soledad los años

Los papeles de excursiones muertas te asemejan
Al hombre bueno que no fuiste

Te traen el café
Te trae la noche de la mano

¿Has dicho adiós a todos? Sí
A todos

Regresa ahora al fruto de tu vientre

4831 He vuelto a medrar a costa gris del alba
Lo sucedido no sucedió
Fruta descabalada

En el tren sentado en la maleta de madera
De un soldado reconocí la estación de pasada
Donde solíamos vernos

Las minuciosas imposibilidades que ocupaban
Nuestros paseos
La inútil fragancia de la noche la lluvia

Que transfiguraba la ciudad al parecer para siempre

Si esta noche volviera no sabría hacerme una taza
De té
Tendría que decir: llamé por teléfono y no me recibieron
Y no me dio tiempo de ver si todas las luces
Quedaron apagadas o no antes de irme

4932 Me canso pronto me canso de mañana
He envejecido sin querer
Acuérdate

De días verdes y móviles
Como árboles
Hablando hasta muy tarde

Quédate al pie de las antiguas frases
Ahora por puro compromiso
Filosofar es siempre estimulante

Nada no es preferible a un rato corto

Disfrutarlo (haz caso omiso
De la calva del bosque y de mi
Calva) es preferible

A este cansancio sin consuelo
De tus manos umbrías
Bajo idénticos árboles

Avergonzado así dichoso
La dicha fugitiva huye menos deprisa
Y la noche vecina

Es aún o parece aún remota
Un decir improbable de las perversas estrellas

5133 No tiembla una sola rama
En mi cuerpo
Conosco i segni dell'antica fiamma

Ya te dije amor mío lo que decía
Boileau:
D'un pinceau délicat l'artifice agréable
Du plus affreux object fait un object aimable

5234 Si existieras
Escribiría esta noche un mal poema de amor
Si no existieras
Escribiría un poema de amor

Volví solo
Atravesé el parque dos hombres
Se hurtaban tras los árboles

Al llegar
A mi habitación herviré medio paquete
De spaghetty

The Serpentine resplandecía lentamente
Cobre húmedo y vacilante

Me apoyé un rato en la balaustrada mojada
La Cafetería grande quedaba a mi derecha
He elegido esta manera de vivir
Del todo

He inventado el amor o lo he copiado
De un libro de Iris Murdoch (viene
A ser lo mismo) como inventé hace años

El amor o la divinidad
No puedo alzar la voz
Volvería a mentir y volveré a mentir

Me gustaría encontrarte en mi habitación al volver
Empezar de nuevo
Todo un eterno contradictorio protocolo de amor

Sería una enumeración irrestañable

5335 Te perseguí por los bosques
Te confundí con un fauno
Te mezclé con huecos

Paseantes del alba

Te vi en los espejos
De las zapaterías de moda

Oh amor
Entre los restos gloriosos
De la ciudad a través de negruras
De huelgas de la luz

En el mercado incierto eran las cuatro
Aún gatos pardos
Absolutos grasientos escarban en los cubos
Metálicos de basura

Harto de cod and chips
Por fin te hallé
Oh hermosura verdadera

Ahora no sé
Si convidarte al cine o suicidarme

5436 Fingí abrir la cancela
Y se abrió la cancela
El parque dibujado al fondo

Se ve la fuente apoyada en el crepúsculo
Hundidas las mejillas
Desdentada y postiza

Carne desmoronada en el confuso
Reino

Del invierno desunido
Esmeralda voluble
De tus labios abandonados

Me equivoqué hice trampa
Los dioses se ríen de los viejos
He muerto civilmente

5537 Mañana me iré definitivamente
Ya empiezo a decir: aquí viví contigo
Hace diez años

Bed and Breakfast de la memoria
Pensaré: había infinitos dédalos subcutáneos
Cruzándose en sus manos

Escribiré: sin tus manos no puedo concentrarme
La claridad del alba
Se encharca en luces de neón del cielo

El relente era hermano nuestro
Llegaré en tren al mar
Tomaré un barco cargado de

Avellanas

Un barco que venía sin carga de muy lejos

Me iré a los Estados Unidos de América
Como en una película lloraré
A la salida

Y diré como McGovern
It hurts too much to laugh
But I am too old to cry

Lloraré lloraré
Sin consideración ninguna y me verán las damas
Y los loros haciendo penitencia

Una señora me atenderá sin malicia
Una amiga
He perdido esta elección
Me duele la maleta la chaqueta
La garganta las botas el misterio

Que dejo atrás: tu vida
Sin mis ojos

5638 Te quiero cuando no quiero
Ay soledad sin aldabas
Soledad del marinero

5739   La memoria ilustra
Esa estación indiferente

Mediodía invernal de coloradas
Mejillas y húmedos zapatos

Quédate conmigo todavía otra tarde

El tiempo el hombre
Traman las distancias

Los instantes que aluden
Vagamente a la muerte

Grúa dulce y ágil de Entrecanales
Y Távora Sociedad Anónima
En el desmonte

¿Cómo habilitaré el futuro?
¿Habré dicho demasiado o lo mismo
Demasiadas veces?

Quédate conmigo todavía otro rato

Barrio ondulado y tierno de la víspera
Al borde de una ciudad al filo audible
De las anémonas

A ser me acostumbró la muerte
Me acostumbré a tus piernas a tus manos
Adiós hasta la vista

Hasta el futuro Viernes día veintiocho
Quédate conmigo que soy rico
Que sé hablar de filosofía y letras

5840 Amado mío
Oh Amado mío
Por ti me dejé un poco en la jardinera del
Último tranvía

Y otro poco lo poco que faltaba
Junto al fregadero del mar

Sin duda estaba loca

Por ti perdí un collar
De perlas cultivadas en las frondas
En lo brusco y lo abrupto de la entrada

Por ti perdí el honor por sexta vez

Balumbas celedonias de tantos chupeteos
Como hubo (eso sí con el consentimiento
De una) una era una niña

Te amo te amo te amo

Amor de mis cabellos alegría
De la huerta regato de mis pies y de mis pechos
Lo que sufrí lo saben las estrellas

Los vestidos las bragas los zapatos
Lo saben los Domingos de cebolla

Y que no me falta nada porque no me falta
Que no le tengo lamido el culo a nadie eso nunca
Y lo primero la verdad con la verdad delante

Porque lo que yo digo eso va a Misa
Ni más joven ni más jodida que una no la encuentras

5941 Amada mía
Oh amada mía
Si de verdad te amara te llamaría Calíope

Te llevaría ramos verdes de cebada y de avena
Consagraría en tu honor un altar
De doce mil palomas

Si de verdad creyera que mereces el rotundo Sí
De toda la Península

Oh dulce perfumada amada
De una foto
Si de verdad te amara iría a pie a tus labios

Y hundiría la boca en la boca
Chica
De tus oriundos senos chirimíos

Si de verdad te amara sería insobornable
Tinta azul cobalto de tu vientre en cuyo tallo
Se lee: hasta aquí llegó Jacinto el día de Año Viejo

Coronada de hiedra
Laberinto de todos los forestales encantos
De este mundo

Te amo transfigurada en chiste
Verde
O de memoria

6142 Arbolito verde
¿Quién te ve?
Cuando todos lloraban
Yo también cegué

Arbolito pálido
¿Quién te ve?
Cuando todos cegaron
Yo también cegué

Se me fue tu nombre
Que ya no lo sé

Arbolito en falso
Te olvidé
Ahora que la esencia
Se ve no se ve

6243   Lo he oído ayer tarde o ayer noche
Cruzábamos el patio encharcado y vacío
Se dijo en general

Como se oye el viento firme y baldío
Detrás de las cortinas
Dudando alzándose

Como la llama de las velas súbitamente escapando
De un sentido a otro sin motivo
Arrugándose en la ilusión tibia de la cera

Y las abejas muertas lejanas

Después de tantos días empezados e inmóviles
Copia la figura núbil de la tarde
El invierno el viajero dormido la herbosa escarcha

La identidad traslúcida del firmamento
Londinense
La menta de este cielo sin sustancia

Copia la hora que era
La hora que iba a ser
Y las figuras más sencillas que no ofrezcan

Lugar a duda

6344 La pequeña distancia que separa
Un cuerpo de otro es transitable
Theós parece el borde los labios

Los cabellos la dicha
Y Dios se harta al cuarto de hora
El mundo es un pañuelo

Hay un lugar el más común
Donde no hay nadie
Ahí se ve el inservible corazón restante

Tango

Detuvimos el tranvía de común acuerdo
Sacamos verdaderas
Y lúgubres fotografías de aquel tiempo

Los grises pueblan mi soledad de anciano
Desarmados y acuosos
No entiendo esta huelga general de mis ojos

Me sientan mal los callos
A la madrileña
Todo se me repite engrasado y helado

6445 La muerte es como nosotros
      Llana leve puntual como nosotros

      Deja sin acabar las casas y los árboles
      Frutales
      El odio y el amor que en limpio copia
      Con ilegibles trazos

      No
      No os engañéis
      Los muertos no nos perdonaron
      Ni nosotros a ellos

      Todavía en la muerte
      Se consume el odio sin concepto
      Y el amor se borra de los labios
      Cada amanecer sin fondo

6546 Tristemente famosa
Muerte
No cuentes con Concetta ni conmigo

Altamente versada en los tesoros
De las literaturas de los Siglos de Oros

Y sin pena ni gloria
Justo en medio
Del mediodía pasado de rosca

Ay Concetta Concetta
Te recuerdo sin falta en días de niebla

Siempre se te vio mal a simple vista

A horas tontas se nos va la lengua
Cuenta conmigo cuenta
Con este que lo es
Y la inmortalidad de las Bellas Letras

6647 Estoy seguro de estos peces que lloran
Hasta apaciguar el hontanar de mármol

Estoy seguro de estos príncipes
Que recogen su ropaje inmóvil
Estoy seguro de estos castaños inmóviles

Seguro de esta hierba genérica
De esta inmóvil nobleza
De esta muerte

Agujereaba una castaña loca
Bajo la quietud anchurosa
No
No he confiado nada personal a las hojas

Acabaré llorando por tu culpa
Sollozando en la hierba como un ratoncito sin rabo

Ya sé ya me dijiste que del dos y el tres y los demás
Nacerán trampas bien urdidas

Ella vivía en una casa de pisos en un piso
Trabajaba en un Banco iba y venía en paz
De su casa al Cine los Domingos

Merendaba veía la Televisión se cosía
Una falda
Odiaba a una chica infantil mucho más joven que ella

Así es
Bajo la acabada paz de estos castaños de Indias

Vivía sola vivía sola
Desconfiaba de sus amigas y de sus sobrinos

6748 A la muerte la faltan
Las comas y las haches
Los loros las señoras
Los puntos cardinales

Hermanos nos ocupa hoy la muerte
Hay que ir descalzos
A la muerte
Como se viene de la playa

A la muerte la faltan
Los pelos los sembrados
Los verbos los franceses
Los fríos los catarros

Los barcos las ciudades
Las serpientes las postales las
Zonas forestales

Que no hay nada detrás
De la muerte
Es sólo lo que había
Que ahora sin fin se malentiende

Hay que ir descalzos como se va a las islas
De bajamar
Días desnudos hermanos resplandecientes
A por conchas

6849 No se pierden
      –¡Ojalá se perdieran!–
      En los tuyos mis recuerdos

      Y los altos labios de la mirada

      Emprendimos un viaje bienhumorado y ruidoso
      Se sentó con nosotros un Filósofo Sísmico
      Que hablaba a oscuras que se empeñó

      En hacernos
      Ver sus capisayos bordados
      Y el camisón de nieve que carecía de dobladillos

      Recorrimos la orilla de tabaco empapado
      Sorteando los pozos de agua increíblemente
      Callada

      Vimos el abrupto ovario de las esquilas negras
      Y las esquilas crudas más jóvenes

      Brincaban entre los dedos perseguidores
      Y absortos

      Nos dejó de una pieza
      No nos rascamos ni una sola vez en mil kilómetros

      De sus labios la sabiduría sabrosísima
      Se nos olvidó al día siguiente
      Oh presuroso mundo inteligible

6950 ¿Quiénes somos?
¿Qué plurales sujetos hacen falta
A libros de poemas?

¿Qué poesías didácticas debiéramos
Compaginar con nuestra mala potra?

Alégrate si la ciudad es dichosa

No os llevaré entonces hasta el final del jardín
No enseñaré de nuevo la lección de la muerte
No sé acabar sin repetir lo que empecé diciendo

Larga ha sido la inútil afirmación del arrepentimiento
Y la vergüenza del respeto y las voces de mando
No contéis conmigo

Camaradas no contéis conmigo: morir está al alcance
De todas las fortunas

Alégrate si la ciudad es dichosa
Estropee las vistas los paisajes
Me tienen rabia
Y los amantes

Soy un caso maligno de catarro común
Alégrate si la ciudad es dichosa
He olvidado los nombres de todas las ciudades
Todas las direcciones y todos los teléfonos

Descontadme del llanto y de mi llanto
Borradme de la muerte innumerable

Alégrate
Álvaro alégrate si la ciudad es dichosa

61051 Registro de Últimas Voluntades
Para un Maestro
Y un coro de Jóvenes Discípulos

En mi sepulcro quiero compañero
Coliflores de mármol de Carrara
No muchas ni muy grandes que prefiero
Una Pompa que no te salga cara

–Que nos dejó al morir las carnes frías
Un amplio piso en Nueva York en venta
Y, como pez pasmado de las pescaderías,
Un libro de poesías en la Imprenta

No quiero que parezca que no quiero
Pero quiero que conste que me muero
A contre-coeur, por puro compromiso,
Que se me fue la vida sin permiso.
Ahora se desmanda el mundo entero.

–Que nos dejó al morir la boca seca
En paz enteca la fuerza acuartelada
Ay desde el Catafalco de la Biblioteca
Nacional se ve venir la Policía Montada!

VARIACIONES
(1978)

Digo si es uno y el mismo sonido el de una cuerda o bien siempre distinto cuando la cuerda se mantiene la misma y se mueve igualmente (¿movimiento uniforme? ¿el mismo movimiento?).

ARISTÓTELES,
Física 8, 2, 252 b 33-35

VARIACIÓN PRIMERA

Nos escandalizó la belleza de las miniaturas
Aquellos medallones esmaltados
envejecidos suavemente como pájaros

el voluptuoso desorden de los juguetes
de los niños imitados
la palidez vivísima del esmalte de la muñeca suicida

Las cajitas son como pétalos los dientes arbitrarios
como graciosas púas del rosal de la Virgen María

¿Quién es o qué es
esa larga muerte que me aguarda?

En la vitrina estábamos muy cerca
de los paisajes nevados nosotras las muñecas
y los serones y las casitas

En la vitrina estábamos muy cerca
de la muerte ecuménica
nosotros dos

VARIACIÓN SEGUNDA

Esta población vigorosa que cubre los restos de mi corazón
hecha toda de hojas ociosas muy bellas
ahí descubrí la apariencia

de reinos vegetales sin dirección alguna
hechizados ante la deidad nutritiva de las antiguas hojas deshechas
y la premura fálica de la luz del pronunciado otoño

Ahí descubrí los supervivientes traslúcidos
de una existencia semejante a la mía
que pudo ser la mía

o que quizá es la mía

Ahí vi el rostro familiar de la confusa muerte
enredado en el polen de las petunias blancas
Ninguna hormiga

arrastró a través de tantas fábulas como yo
el espejismo de su fabulosa simiente

Ninguna especie de ave migratoria
regresó cada año como yo
a los ciclos prescritos

Ninguna caverna fue más triste

VARIACIÓN TERCERA

Separado de la muerte por una barrera imprecisa
he descrito con letras tranquilas como islas
a espaldas de las criaturas reales

a medio camino entre la realidad
y la fábula
dulcemente tejido alrededor del cuerpo

de gigantescos árboles aún sin nombre
apoyada la cabeza en láminas de piedra pulimentada
con agujas de lluvia remota

multipliqué las llanuras y deshice las lindes
de las falsas heredades posibles
hasta unirme a la glotona lengua subterránea de sedosos ríos como
mercurio

VARIACIÓN CUARTA

Ahora los dedos delicadísimos de los arácnidos
se recuerdan sin terror sin asombro
como un dato más situado en el pecho lentamente venido

del vientre redondo

Así el gusano de tierra presiente su ceñido camino
en la esponjosa dermis anélida de la huerta invisible

Así las superficies pulimentadas o surcadas
por la huella de una babosa remota

Así el gesto de utensilios confusos (agujas quizá o cardas)
o las grandes vasijas del grano

como úteros dormidos en la penumbra palpebral de los desaparecidos
ojos de una mujer descalza
inclinada cerca del fuego vocativo

O el vilano plegado hasta la madurez que de pronto recuerda
la multiplicidad contagiosa de las avenidas de los vientos

O la evolución táctil de las piedras lamidas y de los ríos
hacia la tersura de senos todavía sin labios
hacia caderas todavía desnudas esbozadas en peces dinteles

fanerógamos hacia la superficie de este reino incalificable

VARIACIÓN QUINTA

Llegó a sernos familiar el tiempo de este mundo
y la ciudad poblada por el mar de octubre a octubre
las islas umbrías del indeciso viento las azoteas nupciales

y la cuesta arenosa bordeada de tamarindos húmedos

En la explanada no lejos de la playa se reunían los jóvenes
al atardecer
como en un relieve de hojas y cántaros

Fue una ciudad sencilla y posible al borde de los ojos
que contaba con dos tranvías amarillos y un barrio comercial
Recuerdo que apenas oscurecían al oscurecer las hortensias

y tus manos imaginadas que no soportan peso alguno

En las alamedas hay bancos de madera para el confuso octubre
En las alamedas hay bancos de madera para el confuso Octubre
y nuevamente el impreciso destello de piedras bajo el agua

Hundido en el limoso silencio de los monstruos y peces del estanque

En su lugar los días de las hojas de atrás vacías o tachadas
A tientas por sus miembros creció el sueño ríos terrenales
precipitándose en ávidas gargantas

VARIACIÓN SEXTA

Los árboles nos detuvimos cerca de los árboles
pasamos como un río o crecimos de pronto como un río tras las
    lluvias
irreconocibles como una montaña al atardecer

Durante muchos años nos acompañaron los animales los perros
que nos adelantaban ladrando
o se perdían en pueblos transparentes

olvidados olvidándonos copulando con perras de pastores deshechos
en el polvo

En la sala se oía el mar de un óleo monótono
El pescador es todavía una imagen
pero el hombre que desde atrás desde el mundo sostenía esa imagen

no es ni siquiera imagen

No nunca fuimos viajeros mortales o inmortales
Leímos libros
y yo supongo que entonces leí lo que recuerdo ahora

y yo supongo que estuve donde estuve y que hice un viaje
aunque no hablé con nadie y viajé solo

VARIACIÓN SÉPTIMA

Aquel viaje duró muchos años
acabó pareciendo estancia el tránsito a lo largo
de carreteras polvorientas e inconclusas

y tu espejeante belleza que nos sostenía de lejos como un himno

Los perros nos conocían mal nos agredían airados al atardecer
nos seguían porque el desperdicio copioso era más copioso
que el alimento mulas muertas los años lóbregos y violentas peleas

que duraban hasta el alba

Tu belleza como un himno que imaginariamente pertenecía a los valles
y los árboles distantes con su falsa promesa de fruta

Borrachos golpeándonos abrazándonos copulando
con la insatisfactoria erosión y copulación de gigantes

Los viejos cagaban sus diarreas monótonas
quejándose del vientre y del calor y el frío inventando historias
de amor entre nosotros

y leían la pupila de los atardeceres el latido de las vísceras
de los animales sacrificados en provocación de la lluvia
La luna resplandecía en los abrevaderos llena o curva

Mortalmente pálidos lomos del ganado que nos seguía mugiente

VARIACIÓN OCTAVA

Dudábamos solíamos pasear al atardecer preguntas
que no se formulaban nunca o respuestas que nunca
parecían completas

Eran los días sinuosos de la madurez de muchos de nosotros
el cielo invulnerable resplandecía demasiado
y los hombros cuajados de meditación inservible

vacilaban ante la grave acusación de las herramientas

e imaginábamos jardines esos días remotos circundados
por altos muros de piedra y hiedra surcados por las nubes irregulares
recluidos en rosaledas cálidas donde surte una fuente confiado

hilo de agua entre las guijas

lo transparente nos sorprendía en exceso
y la hierba demasiado verde húmeda y frondosa de los rincones
equivocaba los miembros violentos que aspiran al descanso monótono
de un vientre obnubilado

Apenas hablábamos contemplándonos recorríamos mentalmente
caminos recorridos tiempo atrás repasábamos los errores
recontábamos con dedos inseguros los muertos y las pérdidas

tratábamos de adivinar el significado de la viveza
de frases insignificantes y la llegada de un huésped inofensivo
nos sobrecogía largas horas como el augurio inesperadamente

sonriente del crecimiento analógico de las orquídeas

VARIACIÓN NOVENA

Jardines que permanecían largo tiempo dibujándose y que la noche
no embebía del todo
a pesar de la luna metalúrgica y el esfuerzo sombrío de los insectos
permanentemente resplandecía el resplandor de los aperos
las vasijas las casas el empedrado de los corrales adueñándose
del gigantesco crepúsculo desafiando la solicitación de las sombras
Paseábamos entre dos luces

Recuerdo el gesto grave de las espaldas durmientes el reposo
de los borrados crisantemos que a tientas copiaban el sumidero de los
    péndulos
y bocanadas de viento extendiendo a los árboles premura de veláme-
    nes lúcidos e indecisos

como nosotros mismos y nuestros discípulos

Travesías que ocuparon años ingobernables viciosos como animales
    domésticos
en la diminuta textura de las letras pisciformes y las veleidades
de la conciencia del tiempo inmanente

Cada día antes de que la luz desdoblara el perfil de los tejados amba-
    rinos
golpeado por los lomos repletos y sangrientos de las bestias inmar-
    cesibles
desnudo te detenías junto a la mesa candeal y hablabas con nosotros
    del trabajo del día

el solemne ejercicio de la palabra solitaria que como las montañas
nos precedía y nos iluminaba cuando la noche con ternura ficticia
macera el torso descomunal y la caediza voluntad huye del pecho

VARIACIÓN DÉCIMA

Lentamente el amor que se provoca a sí mismo con respuestas de
   doble
sentido y gestos convertibles a gusto del cliente
trama la floración de sus abejas conspicuas

una ficticia sucesión de días y de noches en la espesura poliforme
de una sola conciencia

aunque no era mi intención sorprenderte he vuelto de improviso
contaba con que seguiría en su sitio el perro despellejado y sombrío
el brocal gastado del pozo sombreado por los álamos tintineantes

y contaba con tu inmovilidad como se cuenta en junio con la tersura
celeste o una gracia inmerecida a cuya esperanza nos acostumbró
la pesantez de los atardeceres sin advertirlo nadie y sin remedio

contaba con que el amor (o cosa parecida) se acumularía
como un tanto por ciento minuciosamente registrándose en conta-
   durías objetivas
calculado al céntimo por contables semovientes de labios cunei-
   formes

Las hormigas han poblado de hecho los números arábigos
edificado almacenes en las cifras frondosas
años y años de sinsabor y de apuntes contables
que resplandecían en la memoria infértil como una promesa de fruto
   y descanso

VARIACIÓN UNDÉCIMA

.

Nos enredó la opacidad de las letras que hacían referencia
al destello sumergido de las montañas

El esfuerzo solar nos confundió de acento o de proyectos
El laberinto nos confundió de esfuerzo

Y los años nos confundían más y más cada vez separándonos
de la suasoria hierba y del tacto

Leíamos releíamos volúmenes que originaron viajes al principio
Ahora en busca de confirmación de seguridad no de rutas

Porque años y años nos acusaban en público y privado
Perdimos los empleos perdíamos las cartas

Boquiabierta espesura de las flores antiguas ahora deformaba todas
    las imágenes
que espejeantes habían vivas servido hasta la fecha

Oh que los libros fueran no apoyo sino impulso
y que el impulso antiguo nos confundiera ahora porque ahora
deseábamos sólo descansar detenernos!

Y los sabios nos inquietaban como los niños y los adolescentes
con la terca minuciosa impaciencia de su elocuencia justa y vulne-
    rable
Días difíciles de morir sin haber entendido ni haber llegado a nin-
    gún sitio

VARIACIÓN DUODÉCIMA

La luna resbala sobre las superficies continuas de las piedras ami-
  gables
la luna resbaladiza que enmarcaba los hombros de los árboles
reverdecidos los años lóbregos y silenciosos que todavía permanecen
largas horas de soledad antigua y detallada como un mármol veteado
  de horizontes
el horizonte es indeciso la luz es indecisa la noche es indecisa
y las montañas amenazan los enfermizos pueblos del fondo de los
  valles
los valles han cambiado de postura una o dos o tres veces en el curso
de una misma noche o en el curso de dos o tres o cinco o quince
  milenios
nada ha sucedido mientras tanto
me fío de estos muertos panoramas que a tientas coinciden con no-
  sotros

Me fío de todas las cosas que no varían nunca y que han derrotado
el esfuerzo concupiscente del hombre
la luz es indecisa como la muerte ahora que la muerte inicia su

transcurso voraz liviana luna afila el mundo y sollozan
metálicas criaturas seducidas por los remotos alaridos de los pájaros
brillan apresuradamente mostrándose contrarias a su naturaleza

pretendiendo ser vivas o ser muertas o en general contrarias
a lo que siempre han sido

Y la luna consigo arrastra el resplandor melodioso de otros reinos
y con la pesadumbre de sus muecas sus caries y sus venas encandila
los élitros de criaturas monótonas entre los helechos
dotadas de ramificaciones e intrincadas por las azules arterias limo-
nares
cuya ambigua superficie caliza copia en última instancia los motivos
circulares del leopardo o de animales que por supuesto hieden

Faltan aún varios años para que vuelva el hombre al monstruoso ol-
vido
de la naturaleza sagrada a la indiferencia sagrada a la identidad sagrada
Aún faltan varios años para que la luna se adueñe de nosotros ocultí-
simamente

y que todo termine en un borbotón de sangre asexuada

VARIACIÓN DECIMOTERCERA

A veces las selvas decrecían y una resplandeciente plaza
bordeada de majestuosos pórticos umbilicales nos detenía algún tiempo
Ahí la silueta de los tejados las chimeneas agudísimas las líneas
de una ciudad que el sol poniente ponía de relieve con la nítida ba-
timetría
de una ciudad pensada

Era ésa ante todo la clase de enseñanza que enseñábamos
y que durante largas horas conducía los dedos de los niños por la en-
cerada
piel de las castañas silvestres o por la minuciosa y sabia disposición

de llaves y agujeros del oboe imaginando a solas la plenitud remota
de un oboe ya hombre a solas entonando oscura melodía de amor
    que es
amor nuestro

De ese modo indirecto en largas horas de habitaciones largas y vacías
enseñábamos a copiar la distribución de la luz sobre las superficies
espejeantes del espacio y el tiempo

Oh no imaginéis jardines invocad las cosas por sus nombres
Renunciad a la luz malherida de los lemas equívocos de la intención
    cobarde
y la acción doble

No a imagen nuestra a imagen de la luz dispuso la luz de vuestras
    páginas

dibujos partituras artefactos ejércitos e incluso Sociedades Anónimas
(si es que vale la pena u os hacen sitio los Contables)

Sois hijos de la luz sois nuestros hijos

Así cuando la muerte visible sea ya o la tristeza sea inevitable o torpe
llevadnos a morir con dignidad y piedad sin ruido alguno así como
nosotros
en largas horas de habitaciones largas y vacías os enseñamos a dis-
poner
la luz de vuestras páginas (y no nos recordéis que el acordarse es de
malas memorias)

Ahí somos en selvas que hicimos transparentes
Haceos a la muerte desde hoy desde ahora

VARIACIÓN DECIMOCUARTA

Todos somos inverosímiles rostros que se asemejan al vaciado de los
    cántaros
semblanzas de un furtivo ahora que contaban con espejos
para observar lo tenue de sí mismos
siluetas antiguas gestos que recuerdan gestos familiares
melancolía imitada de lados de paisajes al fondo de retratos
parecidos

deshaciéndose como la orilla de las playas desmorona creciente
el mar definitivo
inventores de fábulas que duraron apenas lo que dura el aliento
de una sola criatura

La simplicidad de un dibujo nos hechizaba a veces la claridad
linear del haz y el envés de las hojas e imaginábamos jardines esos días
escultores de fuentes que disponen la soberbia y la cadencia del agua

en la sonámbula gesticulación voluptuosa de niños y criaturas de
    bronce

Que fuera todo en vano no nos detuvo nunca el temor a las tardes
que volvían secretos los parajes geométricos
y los pliegues petrificados de los príncipes sonrientes

Oh no ni los dioses tramando trampas de cobarde ni los cobardes
tramando asechanzas en lugar de los dioses
nos detuvieron nunca al borde de una sala indecisos o en falso

Aunque fue todo en vano nosotros mismos fuimos como el vaciado
eterno
de los labios del hombre
nuestras dudas cobraron gravidez de sillares y la vacilación nobilísima
de las estrellas

VARIACIÓN DECIMOQUINTA

Oh ilusoria vida que eres nuestra de chiripa y casi nunca entera
jamás del todo recogida en una sola voz o en un solo gesto o una única
gesta la hazaña que había de durar hasta que en puro instante
se deshiciera el tiempo y que como una fuente a partir labrada
de los naturales peldaños de las rocas ha pacientemente hendido
reverdecido el cuarzo amansado hasta que una dulce monótona

superficie resbaladiza hace de nosotros parte de esa misma monótona
vegetación que se entreteje en la mirada y que quizá
así también se entreteje en los bosques en los jardines despoblados

de países que no visitamos jamás

Nosotros nunca fuimos muy lejos apenas
hemos dejado estas dos calles y la tabernilla donde nos sentábamos
al atardecer siempre los mismos parroquianos solíamos hablar y hablar

siempre de lo mismo y las tapas corrían por cuenta de la casa era
también Ultramarinos y las damas nocherniegas con sus vestimentas
de brocado y los falsificados y los desmesurados pechos ortodrómicos

Las selvas por supuesto cumplen otras funciones
y nuestras palabras son innecesarias ahí donde ni siquiera
la túrgida amura de la luz solar descoyunta la mirada de las mansas

serpientes

He oído decir que la vegetación presurosa de las cimas de los árboles
    de las selvas
engarma el sol entero como un animal incomprendido y que lo su-
    cedido abajo
es cosa de otro reino ondulante y voraz que ni los cascos de los
    caballos

ni nosotros mismos atravesamos nunca

Solamente un dios se atrevería desnudo a irrumpir ahí donde ni el sol
ni nosotros ha irrumpido jamás las ánforas minuciosamente dibujadas
en rojo y negro y ocre muestran guerreros figurados

siluetas de guerreros que fueron solamente aquel día cuántos miembros
cuántas veces ha sucedido lo mismo cuántas veces ha empezado una
    fábula
que todavía prosigue y que es la misma fábula hasta qué punto
las palabras que inventan estas fábulas nos desprecian y oprimen

Oh somos el pretexto de una gigante voz engolfadora y nuestras vidas
son mínimas como un sombrío paraje muy leve que por un instante
    nos
sostiene alivia el cansancio de una caminata que jamás se termina

porque jamás termina caminata alguna

Tardaré mucho en regresar o no regresaré o cuando regrese no ha-
    brá ya
quien había cuando dejamos aquella pequeña ciudad sin importancia
las selvas que prosiguen durante largos días y noches al fondo de

jardines que sin apenas ennegrecer despiertan en las vetas sonrosadas
de los mármoles y escalinatas que armoniosamente dividen
la procesión prócer

Las estatuas de todos los príncipes permanecían de este modo sombrío
en sus pedestales encenagadas en su propia e inmóvil grandeza
No no daban la impresión de ser criaturas petrificadas porque sonreían
con una clase de inmovilidad que solamente los seres vivos aciertan
a copiar de las estatuas
por eso nunca llegué a sentarme cerca de ellos por eso permanecí en
pie

a una cierta distancia atento pero a la vez
pensando en otra cosa
si uno de ellos hubiera movido levemente la cabeza o la mano lige-
ramente

yo hubiera respondido de inmediato no oh no apresuradamente
o desconcertado o acobardado sino con la brusca y precisa eficacia
de un burócrata que ha preparado sus carpetas de asuntos con gran
anticipación

pero que mientras tanto piensa en otra cosa
porque acaso los príncipes se han borrado y sólo son estatuas sus
estatuas

Yo dije la verdad lo dije una y otra vez a todo el que quiso oírme
e incluso varias veces a quienes no querían oírme no fue un gesto
excesivo ni me costó trabajo sencillamente decidí repetir lo que había

dicho tantas veces ya cuchicheándolo en los pequeños oídos de las
lagartijas
como un ave desafortunada que entona varias melodías ligeramente
indecisas
y ninguna emitida para ser escuchada o deleitar o entristecer al hombre

Nada en realidad ha sido pensado para que tú lo entiendas

ningún jeroglífico se dibujó minuciosamente para que tú te perdieras
ningún tesoro se escondió para que tú no lo encontraras

Tú no existes

VARIACIÓN DECIMOSEXTA

Yo no soy de esta ciudad ni de ninguna
he venido por casualidad y me iré por la noche
aquí no tengo primos ni fantasmas

Ahora veré los árboles despacio la calle entre dos casas
neutras
que conduce a un parque vacío

He visto ya en otros sitios cómo el viento
hace huir un papel de periódico
y sé que la lluvia será hermosa desde esa taberna de provincia desierta

Cenaré temprano y antes de que salgan del cine las parejas de novios
habré dejado de ser en la mirada enumerativa
de la estanquera

Y habrán fregado ya mi taza de café
y mi tenedor y mi cuchillo y mi plato
en la Fonda sustituible

VARIACIÓN DECIMOSÉPTIMA

Lo que fuimos y lo que no fuimos se refleja en las tazas del té junto
a la lumbre sillones de otras casas cuadros que no se miran ya
y que permanecen agrandados inundando el fondo de la sala

de elocuencias inmóviles

Toda una clase de poetas hace un día
referencia a las fotos de sus padres primos y demás familia
y ruega por el alma mortal de los mortales que le precedieron

y que se le parecen

El invierno que viene con estancias copiosamente tristes
y cancelados créditos de tiempo
me acordaré de ti sin duda alguna

descontaré las horas de las hojas y olvidaré el cielo errante que
tus ojos vieron y olvidaron
y la dicha impremeditada de unos cuantos días cogidos con alfileres

El tiempo tiene cara de niño que en el jardín se queda hoy con los
    plátanos
en la plazoleta de grijo cerca de la huerta
y del gusto leñoso de las peras de invierno

Oh aire demasiado fragante y flauta casi ácida
o demasiado melodiosa
tu voz es demasiado dulce para mí tu ternura

demasiado posible para ser verdadera

VARIACIÓN DECIMOCTAVA

No nos abandones en figuras inmóviles que hechizamos y nos hechi-
zaron
porque aunque es culpa nuestra la culpa no es nuestra
aunque el amor es nuestro es también de los árboles

Ten piedad de la luz imprecisa que circunda ese rostro
imaginado no acariciado y continuo como la voz plateada
cuyo nombre he velado para gemir sin rostro junto al suyo

No nos abandones cuando la lluvia empaña los paisajes
y las fábulas empañan la pulcritud de los seres

Éste es un valle pobre y sin recuerdos nadie quiso regresar aquí
o quedarse
los niños no sollozaban nunca y los dedos oscuros ordeñaban las
ubres como zarzas

Cubierto por la ampliación de unos créditos permanecí entretanto
enamorado de ti sin júbilo y sin suerte
Acuérdate de mí cuando entres en el maravilloso gesto circular

de tu reino

VARIACIÓN DECIMONONA

La luz que se parece en los escaparates a todos los ausentes
confirma el dejo antiguo de una tristeza general
lentamente anónima la tarde

hacia un reposo torna que no es mío

Mi caída sucede en otro reino ha sucedido ya
ya se ha olvidado
mi voz es otra mi rostro no se reconoce

tras el asunto de esta Primavera

¿Qué fábulas se hicieron? ¿Qué decían?
No lo sé ni me importa
También lo verdadero se dijo (entre paréntesis) se confundió muy
  pronto

se deshizo como un consejo no atendido
¿A quién he de atender ahora que la muerte cuchichea consejos por
  su parte?
A tiempo si el tiempo no lo impide volveré a verte el próximo mi-
  lenio

Oh amor mío!

VIGÉSIMA VARIACIÓN

Sus venas como los ríos son iguales que tú
los dedos de los cristales los nombres escritos en el vaho de los
cristales tu nombre escrito en el polvo de los cristales

Durante todo el verano la sala se detenía en la calma de las hojas
aquel verano aprendimos las nuevas inclinaciones del cuerpo
y al atardecer llorábamos

Nunca creí que hubiera otras ciudades gentes como nosotros ajenas
    a nosotros
aquel verano todo pareció mucho menor y más íntimo
miles de sentimientos que se ahogaban en un vaso de agua

Los árboles coincidían contigo cada tarde la tarde
coincidía contigo cada tarde el autobús
llegaba tarde cada tarde y tú llegabas tarde cada tarde

Oh amor qué tontería era el amor y sigue siendo!

VARIACIÓN VIGESIMOPRIMERA

Ni la ciudad ni el silencio espejismo de la luz de la tarde
se extiende más allá de un remoto deseo
sin apoyo

Ven conmigo a la soledad comprensible de las habitaciones vacías
y las calles anónimas
háblame de tu niñez

Oh háblame de tu niñez!
Fuimos niños a la vez
Seguro que nos parecemos algo en algo

VARIACIÓN VIGESIMOSEGUNDA

Te acuerdas de nosotros como retenido sin querer
por esta ilusoria fragancia

Tus manos como el césped y aquel desvanecerse
de las plazas frutales y los vientos
rezumantes

y la leve resbaladiza superficie del mar al regreso

había cántaros de pesada y populosa miel en las calles
una enredadera puebla tus hombros incalculables
de islas y de árboles

Te detienes

Algo casi inmortal al borde te detiene de mi habitación vacía

VARIACIÓN VIGESIMOTERCERA

Seis veces volvieron a morir los mismos reyes mancebos
que picoteaban las miguitas de pan sazonado
¿No es demasiado para un solo sacrificio la multitud de mi culpa?

Y las noches de lluvia que se suman a las noches de lluvia
a la memoria inútil de los charcos
Tiene de nuestro pecho ternura en flor la acacia

En el umbrío atrio de la mirada
tras huellas que magnolios furtivos dejaron en el cielo
Oh que en la espesura firme de tu pecho dejara el sol tatuada la tris-
teza!

¡Todo qué cursi y qué bonito todo!

Oh horteras concupiscibles hijos de doncellas
yo os amo (dentro de lo que cabe)
Dentro de la caverna toda tristeza es imaginaria

VARIACIÓN VIGESIMOCUARTA

Un ver ahora en páginas tachadas cómo era decir y ver
aquella hermosa textura ficticia que las frases cobran al ser dichas!

La plusvalía de sus versos era en vano impulso
Dicen que huyó a noviembres de otros cielos de cobre vacilante y de
patos
que imitó desde lejos como la luna llena las venas y las sombras

de la tierra perdida sembrada de vitalicias zorras y cucos burlones

Afuera es la ciudad tortuosa de otra vida
yo fui un señorito pedante y trascendente en ella estaba tan solo
que veía doble y lo dijo la Seño en la plazuela:

de soledad que es de sálvese-quien-pueda no te salves

Miríadas de pececillos alrededor de un anzuelo cebado y móvil
todas las tardes nubladas
y la silueta al final de los novios

VARIACIÓN VIGESIMOQUINTA

Nadie salva sus frases de los años
ni siquiera los Altos Empleados
e incluso Doña Marta cuyo hijo viudo de Ciencias Económicas

vive en Francia

ha entendido una noche de luna la invariable generalidad
de las cosas dichas o pensadas la invariable generalidad
de su vida privada

Superficie plana de todos los secretos como cocinas idénticas de los
suburbios que se ven despeinadas desnudas al pasar el tren
o el interior aterido de salas de estar o ese niño genérico

que juega con una camioneta de juguete y que de pronto ha sonreído
sin labios vacuo avergonzado descubierto a la orilla de su insustancial
inocencia

VARIACIÓN VIGESIMOSEXTA

En los juguetes descabezados en las revistas haraposas de las salas
de espera en los Gentlemen donde se lee: Venereal Diseases
Are Dangerous en los obturados deseos en las tardes de lectura

en la sala agobiada en el tintineo violeta de las cajitas de música
en las nalgas de Joseph el hotelero húngaro que chancletea
la equivocidad primorosa de sus sandalias de suela de madera y dice:

I'm an old cocotte

en los escaparates de las peleterías de lujo en los escaparates
de Praed Street donde objetos sin límite permanecen gastados
como frágiles camisas de culebra

en el Food-Store entre las frutas alrededor o debajo de las chirimoyas
alrededor o dentro de las barnizadas manzanas
no hay tristeza alguna

VARIACIÓN VIGESIMOSÉPTIMA

Ahí están las cosas repetidas genéricas los lados de los rostros
minerales
los peinados los gestos los delitos comunes la figura variable del
neutro

mediodía la figura variable del cielo equivalente
ahí están las cosas sin misterio
Oh no las manzanas no significan nada

Y Joseph mismo en la habitación cuajada de fotos de gimnastas
a duras penas resulta verosímil más allá de sus pies de doncella
o sus caderas alborozadas o su acento extranjero

El ser era redondo y ahora ha muerto

VARIACIÓN VIGESIMOCTAVA

Y tras la muerte fuimos niños nosotros dos
Se trajeron las sillas a sus sitios de siempre se cerró el armario
de su cuarto

y se ataron sus cartas en paquetes inmóviles
La nariz se pudrió antes que las entrañas
y su frente se descompuso antes que las tripas

Sus retratos se llenaron de hojas insignificantes
y sus labios se parecían a todos los labios

Reunidos en la cocina sin encender la lumbre regresamos poco a poco
al curso inconsistente del tiempo
Sus ojos fueron como todos los ojos fugaces

y la abstracta hurañía de objetos empeñados empañó sus objetos
de uso personal
Oh gigantesca espalda objetiva de la muerte!

Un cepillo de dientes es sólo un cepillo de dientes y un hombre es
sólo un hombre

VARIACIÓN VIGESIMONONA

Las margaritas eran de hilo de algodón amarillo
de las ortigas vecinas y los tréboles en el bastidor arrobado
plazoletas de oro desunido en la ciudad silvestre de sus recortados
alzacuellos muy blancos

Recuerdo el bastidor de aquel lejano agosto y tus manos

He olvidado ya la carrerilla herbosa del grillo sobre la palma de la
mano
y el tibio transcurso de los caracoles brazo arriba con su casita a
cuestas

TRIGÉSIMA VARIACIÓN

Tal y como la muerte se entreteje así se entretejen amorosas monótonas
imágenes
que miles de millares de criaturas iguales que yo y como yo entrete-
jieron
en soledad e insomnes larguísimas estancias opresos de alegría ilegible
que en última instancia se deshizo como todo se deshace sin más
explicaciones

Nunca ninguna fuente permaneció un instante
Nunca ninguna cosa sólida permaneció constante
Mirada que contenía el mundo se desprendió del mundo (toda muerte
fue dulce)

Ni de mí ni de nadie hubo vestigio alguno
Emborronados fuimos los desiertos sirocos toda muerte fue dulce
Emborronada empeñada belleza de este mundo

Por eso fue preciso que tuviera cuidado no separarme mucho para
evitar de pronto
que premura inconclusa luciente inexistencia pareciera más fuerte que
el albedrío
de el alba

ocupara de pronto el sitio descuidado desconcertara el manso fluir
que entretejieron imágenes monótonas que amorosas criaturas como
yo entretejieron
en soledad en oscura multiplicación deslumbrante

125

que no significa nada

Oh no no me traiciones Álvaro yo lo dispuse todo imagen tras imagen
yo contaba con ello yo supe desde siempre que mi muerte es así y
   mi muerte fue dulce
Ahora ya es lo mismo

VARIACIÓN TRIGESIMOPRIMERA

Tal y como la muerte meticulosamente se entreteje a distancia así se
    entreteje
una oportunidad que perdimos meticulosamente el transcurso voraz
    de las cosas
que nunca fueron dichas o los actos que nunca fueron hechos

raíz insuficiente ilimitada amarga que el equilibrio enturbia
de piedras de torres o palacios o templos que en su día sirvieron a
    guerreros
o sacerdotes o príncipes y que incluso los dioses visitaban sin apre-
    surarse

mas con cierta regularidad deslumbrante a su aire en días equívocos

Todas las cosas que imaginamos juntos y dibujamos juntos
se deshicieron como el viento sin verse deshace imaginaria compila-
    ción de un otoño leído
o las dalias o las hojas o los magnolios que herencias echaron a
    suertes

Solamente un dios comprendería el suplicio de esas audiencias que
    jamás se conceden
y que en la vacuidad de su esfuerzo igualan la divinidad de los dioses
    a la nostalgia del hombre

Sabiéndonos de sobra deshechos con la terquedad con que un niño
    deshace sus juguetes

¿No sería preferible deshacernos de toda posesión o esperanza –in-
    cluso la más mínima–

y dejar a la pura voluntariedad de la divinidad lo divino lo nuestro
(que ni siquiera
es nuestro –o de los dioses– aunque los dioses lo consideran suyo

lo mismo que nosotros)?

VARIACIÓN TRIGESIMOSEGUNDA

Nos enredó la opacidad de tu corazón las montañas disimuladas tras
    lirios
y las letras implícitas iluminando ilícitas melancolías absurdos docu-
    mentados
copiosísimamente
Nos enredó la dulce mortandad de los infieles rostros que son ahora
    y no son
lo mismo que eran entonces y no eran y las selvas pensadas
por donde como gríseos ratoncitos de campo iba la suerte abriéndose
    camino

Ten piedad de mí porque en la muerte hay salvas que a victorias
    parecen
referirse a la vez que a derrotas ten piedad de mí porque los niños
    tienen miedo
y frágiles azules de la ternura quiebran en sus ojos

Acuérdate por mí de la sencillez lluviosa de un otoño cualquiera
Acuérdate de la sencillez del invierno sin pájaros y los árboles labios
que pronuncian a secas la primavera próxima

Acuérdate de los hilos de la luz y los postes de la luz que unen pue-
    blo con pueblo
en las comarcas secas de tu tierra y la mía acuérdate de la grandeza
    inerme
de los sembrados que dependen del cielo y de los dioses

Acuérdate del tren que silba silbos y cuya lejanía imita la lejanía del
    mundo

Acuérdate de mí como recuerdas barcas fondeadas tamarindos ligeras
  sobre el agua
dársena de lo implícito

VARIACIÓN TRIGESIMOTERCERA

Azules alumbraron la huida pesadumbres
Temprano muy temprano nadie durmió esa noche
Un furgón arrastró a los novios los esposos los hermanos los hijos
    los príncipes

Y las ratas ocuparon el almacén desierto hasta ahuecar los sacos
con sus bultos hambrientos
Luego huyeron

Un furgón arrastró el dormitorio el comedor los sillones
y restos de animales y hombres
Luego habitantes sucesivos habitaron ahí una o varias noches

desguazando el entarimado arrancando como maleza la alfombra
que costó en su día dos años consecutivos de letras firmadas
y animales nocturnos siguieron la ruta del husmo de esos habitantes

Luego huyeron

Y la vivienda fue su desfiguración como un sexto sentido –o como
    un signo
Y las ratas abultaron las sacas de harina las amapolas las víctimas
¿Quién eres?

VARIACIÓN TRIGESIMOCUARTA

No te vas a ir nunca ¿verdad? de esta casa
no te irás para siempre me casaré contigo
y no tendrás que servir a la mesa

Éste es mi novio vestido de soldado y éste el chico rubio
que conocí en el baile tiene los ojos verdes y un bigotito fino
como Jorge Negrete

¿Éste es el que era dependiente de una Mercería?

Oh novio inverosímil en el portal de atrás hasta la cena!
En la alacena hay ojos de cristal detrás de las cortinas
no hay escondido nadie

no quiero que te vayas te lo juro lo juro que no la he leído la carta
de tu novio dame un beso mi novio me dio un beso en un marco de
    conchas
recuerdo de Laredo

No pongas esa cara los domingos las medias de cristal invisible
las barritas de labios saben un poco a dulce

VARIACIÓN TRIGESIMOQUINTA

Cuando eras niño como yo y te hablaba tanto temía como temo ahora
los rostros las envidias los celos los encantos los años
de los otros
de tú por tú en toda aquella secreta circunstancia de ser los dos
lo mismo Tú Dios yo niño
Créeme que te amaba no mucho más o no mejor que ahora amo las
pocas
cosas que me quedan
los mismos miedos los mismos años los mismos otros son mayores

que no he crecido nunca o porque nunca creí que era crecer asunto
nuestro
crecer siempre se dice que es lo Tuyo seguro que es lo mismo que
ser eternamente alameda sendero montaña inaccesible o Dios oh Dios
inaccesible

Oh Dios de nunca jamás de los jamases cuando la muerte borre mis
sentidos y nublen las acacias las vistas de los cielos
y largas deidades presurosas como sombras de lluvia crucen sobre una
tierra sollozada en vano

acuérdate de mí que siempre tuve miedo y te amé siempre como
aman las
criaturas
que no creaste Tú aunque en salvarlas empeñaras lo eterno que es
lo Tuyo

mi conciencia

VARIACIÓN TRIGESIMOSEXTA

Deshaz todos los reinos que he inventado mis fábulas mis nombres
porque en la nieve acumulados lirios más dulces más fríos que nosotros
dicen lo suficiente sin hablarnos

Tu nada y tu pobreza es limpia como un árbol temprano
que no recuerda nada o nadie ha visto
Oh Dios sin ser ninguno deshaz todas mis fábulas deshazme

para que vuelva no siendo ya y regrese al borde como tú
de una canción de amor aún no aprendida
oh Dios deshazme

VARIACIÓN TRIGESIMOSÉPTIMA

Que la luz se extienda más allá de nosotros
más allá de esta tierra devorada por sombras de sospechas de malicias
cavernas digitales más profundas que estrechísimos pozos de Castilla
la Vieja

–pozos en busca de agua horticultora poros en busca de albas hondo-
nadas
aún a oscuras aún miles de milenios negadas y aún negándose
a los hombres de Castilla la Vieja–

Así profundamente las maravillosas mentiras de la sabiduría cre-
puscular
de los ancianos
florece en microscópicas fábulas a cuál más pobre a cuál más lejos
del agua lejanísima de la profunda y fértil meditación del agua

que en su repleto encierro o escondrijo ideas se procura
de luz solar
e incomprensibles fábulas concibe de aperturas de huertas de animales
útiles que piadosamente devoran animales inútiles

e insectos que resplandecen en fértiles presencias monocordes
como instrumentos de una leyenda noble y limpia y simple
que sería de Dios o sería Dios si hubiera Dios o si tuviera el hombre

derecho a decir «Dios» o a pensar «Dios» o a anonadarse en Dios
y no, como es lo cierto, derecho solamente a apartar la mirada
y repetir «deshazme»

TRIGESIMOCTAVA VARIACIÓN

El alba es un laúd lejano
El cielo es una gaviota imaginada
E imaginado es todo hasta el olvido

No hay más acá que sirva de paréntesis
Ni más allá que sirva de horizonte
Imaginado es todo hasta la muerte

E imaginé tu amor que no existía
E imaginé que imaginé tu amor que no existía
E imaginé que imaginé que imaginé tu amor que no existía

El olvido y la muerte fueron reales sin embargo

VARIACIÓN FINAL

En la Red de San Luis perdí la vida
recién sidas las cuatro de un desvelo
En los portales con la espalda hendida
cuaja la noche fina como un pelo

En la boca del alba sin balcones
se hizo cargo de mí la policía
y robaron mi sangre los ladrones
de los Bancos de la Comisaría

En la Red de San Luis me cachearon
y me clavaron con las mariposas
En la Red de San Luis me desnudaron
la identidad perdida entre otras cosas

Me transportaban cuatro generales
y en la Red de San Luis se atascó el duelo
lloraban reyes lágrimas reales
Hortera y Mártir fui derecho al cielo

HACIA UNA CONSTITUCIÓN POÉTICA DEL AÑO EN CURSO

(1980)

1.1.

He oído los pasos de un tropel funerario regocijado y dorado
que durante días y noches el dintel atropella
del hueco de la luz de un patio blanco.

Herrajes de las carrozas balanceantes
a la hora de la opacidad de los tilos el henar las acacias
y los vencejos multiplicados de pronto en el reducido cielo
de una ciudad limítrofe.

Tálamos ensombrecidos de dulzura sólo equivocadamente predicable
  de bodas
ilícitos instantes que en las piedras preciosas de los faquires duermen.

Como los peces verdean los álamos panza arriba el aire del soto
así meriendan los chiquillos al atardecer
parvón abajo resbalando desmoronando las cuentas del bálago
arreando las imaginadas mulas de los carros dejados

en la era regatos de perejil de lluvia o menta o bordeantes girasoles.
Así los días crecían menguaban indómitos

personajes idénticos a personajes que ya he dibujado
cruzan o se detienen al borde de mi vida.
Oh imagen y semejanza de los hilos de las enredadas cometas las nubes!

1.2.

Ahora que no abarcas suficientes henares
ni el tajo más profundo de las luengas mentiras
identificante precisión de la muerte circunda

nuestro rostro aureolado de solitarias muertes
libros alineados cerrados en penumbras de imágenes meditativas
desánimo de las viñas que habían sido espaciosas.

¿Quién de verdad nos mira?
Una mujer cansada oculta entre las ramas y que jamás solloza.
Nublada entre inmatura la luz de los viñedos.

Así durante octubre el viento entretejía los álamos contiguos
ocupaciones mínimas que cercaron de fuego
los laureles los ojos de palomas zureantes.

1.3.

La luna siempre al borde varíe o no varíe el margen árbol
deshojada frondosa pubertad de unos años o vejez de mil años.

Idéntica es la hierba a la hierba que oíais al fondo acostumbrados
de un día herboso.
Sobre el cuerpo creciente aplacará la luna la luz solar memoria
de un día herboso.

Y muerte que refresca con sus ríos registros nuestra mala memoria
de humaredas del fondo del jardín donde ibais a quemar las panojas
o a llorar o a miraros un Agosto un verano un círculo cerrado
(como todos los círculos, dicho sea de paso).

Por raro que parezca lo mismo que la muerte la luz no empezó nunca.
Ni la memoria facultad de nada aula de nada.

1.4.

Dominio en tierra alzada octubre de los cántaros
mazorcas de nieve de otras lindes
alturas de otro cielo
y niños de veredas ocultos sabios hojas.

(Una sabiduría imperceptible que no contradecía
la inmadurez de los frutos ni la madurez de los frutos).

Así entre los imaginados campos fervientes
huecos limpios ojos cernían la avena incorrupta
candelillas festivas de infinitesimales labios

que de nosotros dos conversan con ninguno.

¿Cede ya encandilada la tierra asediada por las cabeceantes flores
de la harina dormida?
No lo sé.
Nos dijeron que huyeron los vencejos los años.

1.5.

Trasladaron poco a poco las palomas los árboles
confusamente azules oh porcelanas chinas
platos de las repisas y membrillos pensados.

Los cristales traslúcidos detenían afuera fuertes rachas de lluvia
gesticulando en nombre del invierno cobrizo
de cargueros desnudos
de las romas gabarras.

Mil estíos húmedos adolescentes velas surcaron abrumados
la rada irresoluta del testamento ológrafo
codicilos-crepúsculos currinches mejorados fragmentos alusivos
y mandas homeopáticas a lo largo y lo ancho de una década entera
subimplicaron rosas de los vientos volubles
y un marino mercante llamado Mister Anderson.

Oh silente memoria protocolo del mundo
¿quién hurtó los botones? ¿a quién correspondían los dos patos salvajes
aún sobrevolando la laguna esmeralda del grabado de caza?

¿Qué codicia codició las montañas de enfrente?
¿Quién calculó los años que quedaban de vida a las rentas antiguas
de los dos vacuos áticos?

Por la espalda esmaltada de los muelles vacíos rueda la mar a salvo.

1.6.

Una mujer, al regreso, les ofreció pan y vino y manzanas
que como su mirada, alejada del juicio y del afecto,
olvidadiza, sumisa, sumida en las cestas de fruta
y las tinajas de harina tranquila y solemne,

evocaron súbitamente el pausado, vergonzante, retiro.

Ninguno deseábamos afirmar o negar
que volvíamos a la ciudad monótona
eludiendo las tardígradas sombras yacentes

de animales, amigos, vehículos insepultos,

entretejidas ya las ebúrneas fauces de las mentiras que diríamos,
adjetivos ya nuestros actos de la petrificada hierba,

eludiendo nuestros nombres propios y el nombre
de la tierra inmisericorde que no habíamos alcanzado
eludiendo el cálculo de los soñolientos días y de las pensativas noches

que sobrevendrán al transcurrir los años.

Amontonadas ya en los diarios y los semanarios nuestras fotografías
como restos mortales.
Desconocidos mutilados por desconocidos sedientos de justicia poética.

Arrogantes aún cicatrices de la iniciación heroica
todavía creídos de los propios deseos y las sedas violentas
maestros todavía de las superlativas lanzas.

Amos de las palabras que ya no pronunciamos.
En lugar de entereza una estirpe cazurra
de deseos comunes y equivalencias obvias.

Transitables de sobra las provincias diurnas,
arreciaban las mulas cada vez más el paso,
lo mismo que nosotros cada vez más distantes
del desierto y los buitres y el esfuerzo y el alba.

Al margen para siempre ya de los dioses.

1.7.

El fallecimiento de todos los pájaros tuvo lugar según dicen
una primavera sombría plateada inquieta a causa de la luna.

Aves desconocidas se desplomaron sobre los puentes
aletearon en las moribundas solanas en los balcones de los geranios
incomprensibles multiplicándose aún

descuartizándose cuando ya diluidas callejuelas habían dejado de ser
y los inmóviles gatos ni siquiera dormitaban.

Recuerdo que el último instante del horizonte es un pájaro
indefinido que cruza mi conciencia constante.

El último instante de la conciencia es un bulto siendo transportado.

El último instante es una conciencia inmutable
cuyas aves desiertas vuelan lejos copiando
las espirales de un horizonte insomne

o palabras feraces que ya no se pronuncian.

2.8.

Ilegible es el sol desvinculador del mundo.

2.9.

dicen que Dios de niño era lo mismo
pequeño por lo visto con la lluvia

relucían los huecos por la noche
alta muy alta y empinada lluvia

por la oreja cabían de las cuevas
de los perros los gatos y nosotros

el fondo siempre más y más arriba
te juro que de niño lloviznaba

¿verdad madre que sí que era lo mismo
que Dios era lo mismo que la lluvia?

2.10.

y seré igual que todos y lo mismo
que fui con prioridad a ser enfermo.

E irá deprisa y comerá lo mismo
que los demás igual exactamente
Y fumará después de las comidas

y seré igual me volveré lo mismo
que los raqueros ágiles del barrio.

E irá de frente y brillará un instante.
Solo. Con precisión leve de queda.

y saltaré lo mismo que de niño
de cimas de las sillas a la alfombra.

Si Dios es Dios seguro que es lo mismo
Si Dios no es Dios ya no serás enfermo.

Que quede yo firmado y rubricado
ante mí mismo de una vez por todas.

En el día de hoy sellado y dado
contra el abajo firmante firmamento.

2.11.

Pavimento solar pavesa impávida
pábilo de la lluvia o Dios
raquero de este barrio.

Seguro que es lo mismo.

Alcancía gigante de los años
que no por ilegible es el sol menos.
Y ceniza que vuelas y polvo de los trigos.

3.12.

Has visto sólo una ciudad por fuera
dentro no hay nadie.
He visto sólo una ciudad por dentro
fuera no hay nadie.

¿Quién recorrerá de haberlo habido luego
de antes haberlo habido lo restante?

He aquí mutilados todos vuestros deseos
toda vuestra armonía desdibujada y blanda.

Es cierto que bien poco podían o pesaban.
Eran labios que quedan más allá de los ojos.

Detrás no queda nadie.
Adviento hundido en entereza inútil.
De bruces desplomado un cuerpo que cambiaba

sobre el alma inmóvil.
Luego el alma resbalará sin ruido o huerto o dueño.

Conmigo un cuerpo amigo velará indiscernible.
Ternura en la entereza de un lamento que nadie

3.13.

Esas miles de fotos sobre miles de tumbas
que parecen del mismo o la misma persona.

¿No te confundes nunca, no te equivocas nunca,
hermana muerta muerte que desmientes los duelos?

Comadreada en vano, documentada en vano,
calcomanía blanca de la nada durmiente.

¿También tú, camarada, estás en el secreto?
Enuméralo todo, que parecen contigo

los muebles de la sala los estantes el flexo
tus huellas dactilares en tus libros cerrados

nunca cierro la puerta es el segundo piso
al fondo del pasillo la muerte se impacienta

o duda o tiembla un poco ¿eres tú, camarada?

3.14.

imitación súbita de este mundo igualado
por todas las gargantas de todos los ríos lejanos
por todas las provincias de todos los bosques que callan o murmuran
anónimo singular equilibrio de todos nuestros miembros y nuestros ojos.

Oh Adviento!

Oh voz de tarde en tarde urgente y más urgente en pacíficas
radas de nuestras mesas iluminadas.
¡Oh ilegible vocación del amor el olvido!

4.15.

Parece que es la luna por las huecas montañas,
parece que es la hora por las huecas campanas.
Nosotros no quisimos llegar a ningún sitio
pero alcanzó la muerte como la mar altura
hasta dejarnos solos con su boquete abierto.

Cipreses de hace mucho
que amansaban el cielo de un caserío antiguo.
¿Quién soy? ¿Quiénes somos? La luz no es patria nuestra.

¡Oh apiñado musgo de los resbaladizos montes siempre encapotados,
sumidos para siempre en el ciclo ciclópeo de las borrascas adversas!

¡Cónsules y Procónsules, Gobernadores, Administradores de las
         provincias áridas
que dejáis paso libre al inmóvil cortejo,
una y la misma significación parecía
corresponder en vida al difunto adjetivo!

Exequias generales de un castaño noviembre.
Agudizo, aocado por la estación el curso
melancólico siempre del honor y la gloria.

4.16.

Avenida de las escalinatas inconsecuentes, avenida
de las escalinatas incorruptas. ¿De qué valían los dioses?
¿De qué sirvieron los dioses? ¿Quién arrancó los árboles?

hemos vendido el haz y el envés, hermanos, vecinos, barrios de la
prosperidad.
Hemos empeñado los árboles que conocíamos y los paisajes que
conocíamos.
Y los olivares son cotos de caza y los trigos son falsos,
y fértiles las amapolas en lugar de la avena.

Indeseables hermanos indeseables vagos y maleantes
a la ciudad venidos en busca de no-empleo,
ni siquiera nuestra amargura es nuestra,
ni siquiera vuestra amargura es vuestra,
ni amargura siguiera la amargura
–sólo una broma de mal gusto–.

¡Oh hermanos vecinos barrios de la prosperidad inconsecuente!

4.17.

Nada nos enseñaron previas generaciones fatídicas como esperma,
abortos de heredades copiosas y miserias inútiles.

Nuestros padres trampearon y nosotros con ellos.
Y la pobreza innoble y la riqueza innoble enmoheció las viñas,
gigantescas hectáreas de luz desigualada.

¡Oh muerte! –repetían y repetían los locos
y los astutos ciegos borrachos–. ¡Oh muerte yo me inclino
ante tu grandeza resplandeciente que es la mía!

Estaba loca o loco, por supuesto, o borracho.
Tiene ya una leyenda de altisonantes trompas.

Y sonreían los vecinos sacudiendo en sus casas la cabeza asentada,
y se reían o se quejaban con razón los vecinos cuando, noche tras noche,
el alarido diamantino resultaba irritante
ajustado a sucesos feroces del nocturno ventrílocuo,
tramitación, quizá, de los mismos, o quizá su semilla.

Por fin cesó la voz, por fin los labios
regresaron rocosos al dormidero establo de la nada.
En el pajar, en las bodeguillas eremíticas de las afueras del pueblo
ahora se sestea mejor, más a gusto.

4.18.

Cula culona la mona es una mona / culo culón el mono maricón
Anda parranda parranda / ni querido ni marido que te manda.

Anda rabona / al tirito chupadito de pichona
a la cereza triscona
a la avutarda capona
a la lima de tu prima / de-tu-prima-de-tu-prima
sopetona.

Un-dos-tres / un-dos-tres al pulimento cruento
sin-y-con-con-y-sin fundamento.

Y con el tirirí de la tarancia / exclusive de la propia puritancia
el magreo del meneo tendrá grancia.
Rompe y rancia –rompe y rancia / ¡eso sí que es aristocrancia!

Menos bollo y más repollo / menos teta y más tetorrio
Menos barrio y más emporrio / menos curra y más jorgorrio.

Así así así / pase Miss I.
Así así así / pase Miss A.
Pase Miss I pase Miss A por la Puerta de Alcalá.

4.19.

Resol de piedras rosas, academia del éter,
desde la frente alternante del fuego y de la tierra
desde el limbo de los regadíos sin mujeres ni hombres.

desde los velados lamentos candeales
desde la antigua gravidez del acendrado verde lento aceite de oliva
desde los más antiguos y constantes esfuerzos de los niños
que como pórticos desfigurados
todavía coinciden con su remota imagen.

O desde la ciudad donde estábamos todos
y bajo cuyos plátanos imitadores de las estaciones del año
transcurre la avenida de milenarias frases.

A salvo de la odiosa misericordia de Dios
ya tenemos de sobra con la suma inservible
de toda la soberbia de nuestros conciudadanos egregios:

se nos dijo en las Tiendas, en la Fonda, entre dientes.

4.20.

Vuestra es la luz de toda España, Hermanos.
Que España nos confunda de lenguas y apellidos.

Vuestros hijos serán barrios arábigos cristianos y judíos
parecerán eternos y hondas altas serán nuestras regiones persuasivas.

Lares seréis de España en cada tramo estambre de quebrantos.
Eran así los Dioses y aún nos hablan.

Compañeros Hermanos Camaradas vuestra es la luz de toda España.

4.21.

Todos los árboles eran un solo árbol todos los sitios eran un solo sitio.
Eran la mayoría de mis amigos muertos mis escondites muertos
y mis amigos muertos.

Aunque copié del valle el trigo verdeciente en la redonda luna crecida
y recién hecha
ya no me acuerdo madre no me acuerdo de nadie no me acuerdo de nadie.

PROTOCOLOS PARA
LA REHABILITACIÓN DEL FIRMAMENTO

(1992)

Al P. José M.ª Artola,
que almacenaba los viejos protocolos
por orden de materias

NOTA BENE PARA DAR RAZÓN DE LA APAISADA MAQUETACIÓN DE LOS *PROTOCOLOS PARA LA REHABILITACIÓN DEL FIRMAMENTO*

Protocolos para la rehabilitación del firmamento fue pensado desde un principio con una disposición tipográfica especial: se trataba de que cada verso en sentido tradicional constituyese una estructura prosódica completa: si el lector tiene la curiosidad de hacer la prueba, comprobará que cada una de estas líneas –por largas que sean– pueden ser declamadas o pronunciadas como una unidad prosódica completa, de una sola inspiración.

A la hora de publicar este libro en la primera edición de Lumen, Esther Tusquets tuvo la gentileza de aceptar mis rarezas tipográficas como verdades de fe, para lo cual tuvo que hacer hojas dobles: páginas con lengüeta que daban mucha gracia al libro pero que, a su vez, complicaban su reproducción posterior, como es el caso en esta segunda edición. Así que ahora, al no haber lengüeta, al mantener el tamaño de página normal, Andreu Jaume y yo nos hemos visto en la divertida obligación de sacar el libro atravesado o apaisado o en posición horizontal, en vez de vertical.

Andreu Jaume y yo sinceramente confiamos que los lectores disfruten leyendo este libro giratoriamente, dando, quiero decir, un elegante giro de noventa grados durante todo el texto de los *Protocolos para la rehabilitación del firmamento*, y regresando, una vez terminada la lectura, a cero grados otra vez, si la geometría no me engaña o la vista o ambas cosas, es decir, a la verticalidad pura. El firmamento es, si se me permite expresarlo así, una estructura horizontal respecto de la verticalidad humana, o una estructura vertical respecto del hombre que contempla el cielo horizontalmente tumbado en su terraza de losetas coloradas. Por eso en el Planetario te tumban para que contemple el espectador el firmamento con el debido respeto, lo mismo que sucede con la tipografía de este libro.

ÁLVARO POMBO

Una remota idea de sí mismos hizo volver en sí los verdes a los álamos
No es por nada, dijimos, fue por casualidad

De pronto volvió el viento a irrumpir desventrándonos
Desmembrado intratable fruto de sus imágenes

Hablábamos de llamas sin querer ¿no te acuerdas?
De aureolas de cúmulos de nimbos de fiestas como ciudades lentas de domingo
También nosotros cada día del año celebrábamos fiestas grandes fiestas confusas
Aéreos todavía aprensivos pendientes de recuerdos incrédulos animosos iluminados perplejos

¡Oh hilo de la perplejidad que recorría invisible el inmenso tapiz de los sentidos!

Recuerdo que decías: En realidad es falso si bien se mira es falso
Recuerdo que dijiste: No hay que tomar en serio todo lo que se oye
Es una magia clara momentánea celeste siempre ha podido el cielo persuadirte de pronto
Repetías, sonreías: ¡Has sido siempre así!

¡Como cambia el tiempo el corazón cambiaba
De pronto ya era otro y la luna esmeralda!

Nos deleitaron los árboles porque se habían vuelto inverosímiles como las ánimas benditas
Y el variable azabache exaltador de firmamentos aún muy fríos de las noches de marzo

Nos deleitaron las lunas superpuestas
Y las livianas sedas con estampados de hojas y tucanes
Y el premioso crespón encaramado a vino de Burdeos o al negro colosal de los trajes de cola
o a un espléndido gris a tono con la edad con el alivio y con la sobriedad de los aderezos de las Generalas

¡Ah nos deleitaron las lunas superpuestas!

Y los atardeceres que contienen un semen que cavila
Y todas las locuras
Nuestra propia locura era una salvedad bien tolerada
El borbotón de semen en los labios
El tiempo de un pitillo antes de nuestras citas

¡Cambiaba todo el tiempo el corazón cambiaba
De pronto ya era otro y la luna esmeralda!

Era una salvedad la vida entera una excepción a toda regla

Fueron los tiempos del amor sin hilos
Todas las caras una misma cara

Fueron los tiempos del puntal y de las islas llanas
Fueron los tiempos de pequeños barrios de azoteas claras y tendales con la colada añil recién tendida
Fuimos todos iguales

¡Cambiaba el corazón tan de repente!

¡Como cambia el tiempo el corazón cambiaba
de pronto era ya otro y la luna esmeralda!

¡Oh láminas calcadas contra el cristal lluvioso el bodegón con jarro el florero con rosas!
Imágenes caladas por la lluvia del fondo de un espejo alargado que ya no nos refleja

Inermes los castaños mansos crédulos ojos de las yeguas las mulas el percherón las vacas
Todo el rectangular abrevadero se reflejaba en ellos
Convexidad de la ondulante sed volviéndose sumisa en los cálidos belfos
También nosotros dos al mirarlos fuimos agua limosa y cielo oscurecido en la resoplante sed de las huebras
Equivalentes a la caída de la tarde
Caedizos sentidos en la devanadera de la noche más alta cada vez más solemne

Noche de San Lorenzo
Expuestos a la vez en el escaparate del atardecer que se entrega a la involuntaria procacidad del malva
del rosa del cielo anaranjado incardinado en clara austeridad por todo el páramo
Pronunciados deseos infirmes en la vigorosa copulación de un mastín y una galga

¡Paja nueva en todo el gran corral rectangular
Brilla cuando pasamos con el sol desde el alba!

¡Oh días impulsivos de nuestra niñez de canicas!
Carreteras de tiza en el asfalto con mil Vueltas a Francia

Y recuerdos de ferias y de roscas de churros que se iban dorando en un fervor de aceites y lumbres de bidón
Y tardes de traineras de velas de ciabogas
¡Oh niñez impulsiva!

Pendientes de cerezas que se coloreaban en los lóbulos verdes del cerezo del aire de principios de junio

¿Te acuerdas de las fieras?
La leona el león el tigre de Bengala
¿De sus saltos de trapo de tambor a tambor?
Se oían los rugidos al sacar las entradas
¿De parte de quién estabas tú?

¡Oh tristeza confusa del caballito enano con su cola tan larga y sus crines rizadas!
¿Y el feroz domador?
Toda la mañana en camiseta llevando y trayendo cubos de agua ¿daba pena también?

Irreprimible ambigüedad del ser llevado al circo

¡Que un escalofrío de amoniaco de azufre levantara las selvas irguiera el gran pelaje de la pantera negra!
¡Ah delicia delicia de la devoración del domador y su hijita menor!

¡Oh niñez de canicas!

¡Oh lejanía!
Promesa ensimismada de la huerta inverniza
Mudos cerezos que fingían dormir que habían olvidado su savia petulante
E imágenes abstractas de los albaricoques

En el verdor pacífico del mediodía de retamas recuerdos vedados de mí mismo muy joven

Y flores amarillas y moradas y azules de cardos borriqueros
que nos acostumbraron a la paz laboriosa de todo aquel audaz distanciamiento que tú eras
teniéndote tan cerca

¡Oh exaltación de ahora que nos retrae de nuevo
que arrastra hasta los cielos la continua mirada de un corazón tan joven como el tuyo!

Todo es lejanía
La escopeta de caza el buitre disecado con las alas abiertas y nuestro buen humor
Ahora en esa foto con su luz su llana identidad su revelada eternidad
Nos parecemos

¡Oh lejanía con su sol delicado como un cristal de yeso!

¿Qué ves acentuado en las flores de Pascua en las imaginadas brácteas de las buganvillas?
Por todo el alto cielo de atalayas y escarcha
hay un verde botella color del río Pisuerga bajando entre la nieve
Y volvemos a casa en el Land-Rover nuevo

Es adviento a finales
Adviento en los remolques atestados de sacos de pienso de la UCLA
No hay nadie en el colegio los últimos se fueron ayer a última hora

Todo se ha vuelto imagen
A mediodía la niebla se injertaba en el sol como en un tronco tierno
Todo se ha vuelto fondo
Parece todo en vano
¿Ha sido todo en vano?

¡Qué lejos queda el monte de conejos y chozos!

Del invierno al verano del verano al invierno
Hablábamos y rezábamos leíamos y rezábamos y escribíamos cartas
El peligroso enjambre que cuelga de una acacia
Y abejas de las siestas bebiendo en las piletas traspuestas por las ceras luminosas de miel
y de ciruelas claudias
Por los ebrios rosales que circundan la huerta

Hemos tardado tanto que la muerte parece más grande que la vida
¿Es demasiado tarde? ¿Fue demasiado pronto?

Me inclino hacia las líneas de mis propias palabras
Se acortan y se alargan
Es el ritmo del mundo

Es el mapa del mundo que llamamos memoria
Y no acierto a leerlo como un haber habido
Y es un haber pasado
Con todas las imágenes iniciadas al debe
Vuelta fondo la vida aún me queda tiempo
¿Cuánto tiempo me queda?

¿Empezó todo, hermano, al final o al principio?

¡Cómo se hizo a la vida el peral trasplantado!
Audaz la savia trepó por sus sentidos
¡Cómo clamó la luz al laborioso cielo de las fotosíntesis!

¡Y cómo fue durando a través del invierno!

Podas le malhirieron normas de candelabro artificiosas como galgas forzaban su figura hacia un gusto francés
Le salieron varices arterias de ciudades

Desde el remoto reino de la fruticultura mil audaces calígrafos le tuvieron pendiente de un peral no visible
ideado muy lejos
Bocas que se hacían agua con la clara fonética de la palabra pera
La idea le azuzó la querencia la imagen de un peral no sensible
Y se tramó un relato de la tierra esponjosa unida al cepellón fertilizada leve
aocada lentamente que a su vez se rehacía para llenar del todo la identidad apremiante de miles de raíces
como sílabas nuevas

¡Oh tiranía del cierzo!

A través de la abstracta justicia del sol y las heladas reconoció su imagen su sabor su ternura una acidez ligera
como un súbito asombro
el tacto un poco áspero de su piel moteada

¡Cómo se hizo a la vida el peral trasplantado desde el confín tardígrado del primitivo injerto!
¡Y cómo aprendió el braille de un futuro invidente
la invisible fortuna del encaminamiento de la física-química hacia la nueva pera!

Y un buen día de pronto abrió sus flores blancas
Gracia desmesurada en honor de las abejas

Y hubo un inesperado verde claro en la miel procedente de peras nunca vistas
dadas de colorete a principios de junio

¡Cómo resplandeció aún más que nuestros ojos en las yemas tranquilas de los dedos del éter al borde del verano
el solemne verano avecindado ya en un sol de amapolas!

Entonces vimos todos cómo se había cargado de razón antes de florecer y de alcanzarse
en el fruto sensible el fruto imaginado
Y era al verdear al enlimonar al madurar al acogerse en los rotundos cestos del otoño una inmensa certeza
¡Oh incoloras aguas inodoras insípidas que se dejaron ir por rectilíneos vasos capilares
hasta la firme obra de la pera en sazón!
¡Que fueron traducidas a la lengua más alta desde su pozo anónimo desde su lengua abstracta
a la lengua vernácula del agua prometida a las peras de agua!

¿Recuerdas los membrillos?
Fíjate bien
Haz memoria

Recuerdo los membrillos hileras a lo largo de todas las repisas que rematan el zócalo
En el comedor y el pasillo de atrás en el cedazo grande de la luz interior de las coloreadas estaciones
La luz de los domingos la luz de los trimestres en el pulcro reducto de los conjuntos finitos de los años

¿Recuerdas los membrillos o recuerdas que al verlos quisiste recordarlos?

Recuerdo los membrillos
Recuerdo el leve impulso de su aroma

Iban de su amarillo a su vejez de piel moteada
Contenían el quebradizo invierno
Contenían las lunas del altísimo marzo el resol cobrizo del otoño el embarrado abril el intranquilo abril
llegaban hasta junio llegaban hasta julio
Alcanzaban el redondel entero de los trescientos sesenta y cinco días de los años

¿Recuerdas los membrillos o recuerdas las frases que iban con «membrillo»?
Hay mil veces más frases que nombres sustantivos
Aprendiste los nombres sin fijarte en las cosas

Recuerdo los membrillos como recuerdo el mundo
¿No es eso suficiente?

¿No es eso un poco poco? Resulta un poco triste
Alzas involuntarias bajas involuntarias de generalidades de frutas de utensilios de membrillos de personas de cosas
No te acuerdas de nada

Recuerdo los membrillos
Contienen las llegadas de las tres vacaciones la chimenea encendida las primeras cerezas mi cuarto de dormir
el suelo de azulejos las esteras el sabor de los cardos los cantillos de hogazas recién traídas del horno

No te acuerdas de nada
Todo es sentimiento y habilidad sintáctica
Fuiste siempre de hablar muy de hablar desde niño

Recuerdo los membrillos sin hablar sin querer yendo de su amarillo al sepia y al marrón
Dulcemente se vuelven oscurecimientos de su propia luz su propio apagamiento del color amarillo
Recuerdo los membrillos como una extrasístole
Recuerdo la ternura que cambiaba entre sí frutales los impulsos de todos los sentidos
Táctil se hizo la luz gracias a ellos

Paladeo incesante de los inmensos ojos de la vida
Recuerdo los membrillos como recuerdo nuestras vidas

Fíjate bien
Haz memoria
¿Recuerdas los membrillos?
Haz memoria

Me acuerdo de tu cesta
Era una buena cesta

¿Te acuerdas de mi cesta?

Me acuerdo de tu cesta era una buena cesta una cesta de mimbre color marrón oscuro quizá no tan oscuro
Era bastante honda era casi cuadrada con un asa en el medio bastante desgastada

Acuérdate del todo
Cada membrillo era una frase incompleta
Recuerdo los membrillos
Nunca fueron no fueron nunca fueron adornos
Recuerdo los membrillos en la frase completa
de tu voz al final
Y recuerdo
Y me acuerdo cada vez más de ti

Se dice firmamento porque es firme al final
Más alto que nosotros y más fuerte y más joven más brillante que el cuarzo al sol de mediodía

Inevitable pedernal de la mirada tenue de los hombres

¡Oh cielo aventurado!
¡Oh cielo no necesitado de costumbres ni de patrimonios ni de siembras!

El sin lugar a dudas
¡Oh cielo igualitario!
El de las cordilleras enramadas de nieves y de nubes
Igualadas por fin como los arroyos de patatas
abiertas y cerradas por fin como las tornas de un gigantesco regadío
nuestras ansiedades nuestras vidas dejarán de ser y de haber sido

¡Oh cielo sin nostalgia que disuelves despacio las estelas de los increíbles reactores de aluminio!

Es hora de volver
Hemos dejado todo atrás es hora de volver

Y hay una clara sumisión limonar en todos los senderos que van de este a oeste
Sumisión del carmín y del corinto y del alzado cobre y del naranja y del lejano azul de los arándanos
Es el atardecer un solo atardecer que verdea y que cesa

¡Lirios en el desmonte como una exclamación de los rígidos tallos que la luz verdeante hizo venir al mundo!

¿A qué viene este alegre revuelo de pigazas?
¿A qué viene este júbilo del sol en los botijos?
¿A qué viene este acento tan claro y confiado en mis propias palabras?

¿Y estos abecedarios con billones de lenguas con trillones de llamas?
¿Y estos niños de Ocaña que han prendido una hoguera?

¡Oh saltos del alero!
Hay cinco jugadores jugando al baloncesto
¿A qué viene este impulso que germina en mis ojos en mis pies en mis brazos
en los nenes los viejos las viudas los chopos que aplauden en las gradas?

Tengo el sol tan encima como una voz profunda
Como un gran corazón que inadvertido late
Como un canal de riego que riega las patatas

¿Qué nos une si nada parece que nos une hoy por hoy por ayer por venir de los días iguales un día de diario?
¿Qué resumidas cuentas hacen del mediodía de este mediodía ahora del futuro y ahora del pasado?

A los niños de párvulos no les salen las restas
Agilidad sin fin
De pronto en este salto del pívot o el escolta cambia la gravidez del espacio y el tiempo
¿Ha terminado el juego?

¡Era siempre tan triste tenerlo que dejar!

De pronto en este salto ¿a qué viene este júbilo? ¿con quién estoy alegre?
¡Oh espejuelos de mica del granito erizado que surgís paralelos a la tierra en barbecho de la meseta abierta!
El corazón se agranda y la fugacidad de los días es igual que el reposo.

¿Y este sol? ¿A qué viene este sol? ¿Y el cariño a qué viene?
¿Y la gracia triponda de esta hilera redonda de quinientos botijos los mejores de España?

Los botijeros tienen los secretos del frío del agua encandilada ocultos en bolitas brillantes de cristal en un poco de anís

Y los diez jugadores juegan al baloncesto sabiéndolo de sobra
¿Viene de ahí este júbilo? ¿De la foto de un salto?

¿A qué viene este inmenso trino de las alondras que retumba en las bóvedas craneanas del mundo?
¿Por qué hay tantos pardillos de inteligentes ojos como alfileres de oro?

¿Es el Reino?

Te rogamos Señor que la jarra contenga el agua

Que los claveles chinos duren hasta el otoño
Que la luz omnívora devore nuestros planes hasta volvernos fuego cuenca del Amazonas o yesos espejuelos
o cerezos o casas o sendas rectilíneas de tierra rastrillada o almorrones de junio acueductos de abejas o rosales
majestuosamente conmovidos
que dejan de ser símbolos para mostrar sus rosas

Te rogamos Señor que nos alcance el sueldo
Alcánzanos Señor la exaltación de tu exaltación imantada

Te rogamos Señor que no se sepa que nos comimos un melón entero
Que el jardín resplandezca
Que sea primavera en las vaguadas rítmicas del Parque del Oeste
Que los claveles chinos duren hasta el otoño

Te rogamos Señor que la jarra contenga el agua
Te rogamos Señor que la jarra contenga el agua
Te rogamos Señor que la jarra contenga el agua
Te rogamos Señor que la jarra contenga el agua
Ahora y en la hora de nuestra exaltación

EPÍLOGO*

Ojalá hubiera podido dar, para el título de este artículo, con una frase compiladora o síntesis mejor de lo que supone la obra poética de Álvaro Pombo. Sé, sin embargo, que los «pombianos» que se encuentren ahora leyendo estas líneas podrán y sabrán disculparme, acostumbrados como están a los sonoros y rebuscados títulos del propio autor y a su visión del mundo compleja, escurridiza, que no se deja domar por una tranquilizadora y unívoca etiqueta. Trataré de explicar con detalle en qué consiste la especial y casi secreta enumeración y rehabilitación del mundo que allá por los años setenta emprendió Álvaro Pombo con su primer libro de poemas, *Protocolos* (1973), y que prosiguió con *Variaciones* (1977), *Hacia una constitución poética del año en curso* (1980), y el que él considera su libro de poesía más logrado: *Protocolos para la rehabilitación del firmamento* (1992). He mencionado el carácter «secreto» de su labor poética, dado que su éxito como novelista ha transcurrido en paralelo con la ignorancia del lector respecto a su inspirada y poderosa voz como poeta. Hasta el punto de que hoy resulta casi (o del todo) imposible hacerse con los cuatro libros mencionados, publicados en editoriales como Biblioteca Nueva, La Gaya Ciencia o Lumen.

Los libros de poemas de T. S. Eliot, en aquellas cuidadas ediciones de Faber & Faber, acompañaron a Álvaro Pombo en sus casi doce años de solitaria estancia en Londres (1966-1977), de ahí que aún hoy

---

* Este artículo de Ernesto Calabuig apareció en *Quimera*, en diciembre de 2001, dentro de un número especial dedicado a Álvaro Pombo, con el título: «La poética de Álvaro Pombo: una enumeración y rehabilitación del mundo». *(N. del E.).*

pueda recitar de memoria, emocionándose y emocionando al afortunado oyente, la *Love song of J. Alfred Prufrock, Portrait of a lady*, etcétera.

Pero siendo Eliot una influencia grande de la poesía de Pombo, es Rilke, el Rilke de las *Elegías de Duino*, de quien Álvaro Pombo aprendió su gran tono, su gran voz. Como el autor checo-alemán, vive en el convencimiento de que el mundo, el mundo de la experiencia, se nos impone en su misterio y merece ser dicho, enumerado, y finalmente exaltado, rehabilitado. Por ello recuerda a menudo los versos de Rilke: «Estamos tal vez *aquí* para decir: casa, puente, surtidor, puerta, cántaro, árbol frutal, ventana, todo lo más: columna, torre... pero para *decir*, compréndelo, oh para decir *así*, como ni las mismas cosas nunca en su intimidad pensaron ser». La diferencia con el autor de las *Elegías* es que Pombo no cree que la labor de escritor sea una misión casi sagrada («Todo era misión», escribía Rilke), sino la tarea humilde de quien, sabiéndose frágil, contingente y limitado en el tiempo, debe (y no puede dejar de) cantar el misterio de lo que hay, de aquello que por todos lados nos supera: «Se dice firmamento porque es firme al final / más alto que nosotros y más fuerte y más joven más brillante que el cuarzo al sol del mediodía», afirma Pombo en sus *Protocolos para la rehabilitación del firmamento*. Anticiparé ya, como improvisado y provisional resumen, que su labor poética es un intento de afirmar-enumerar el mundo para que tenga lugar alguna suerte de permanencia, para que esto poco que fuimos y somos (pues «Nosotros nunca fuimos muy lejos apenas» –*Variaciones*–) no termine siendo del todo en vano. Frente al célebre «Lo que permanece, los poetas lo fundan» de Hölderlin, creo que nuestro autor diría algo así como: «Lo que permanece, los poetas, en la medida de sus fuerzas, lo sostienen, lo rehabilitan». Junto con las mencionadas influencias de Eliot y del omnipresente Rilke, Pombo reconoce también algunas afinidades (que no influencias directas): el más sobrio y claro Antonio Machado, el Lorca menos alambicado y más cercano a las letrillas populares, Wallace Stevens, Walt Whitman... o un último gran descubrimiento: el poeta antillano Derek Walcott.

A pesar del mencionado carácter escurridizo de su poética, podríamos esbozar dos grandes líneas o motivos que la recorren y que también aparecen en su obra en prosa: la experiencia de la casa, del interior (cuyo correlato real es su infancia y adolescencia, transcurridas entre Santander, Palencia y Valladolid), y la experiencia de la ausencia o falta de casa, del exterior, de la intemperie (que comenzaría en Madrid y culminaría en los largos años en Londres, donde, según sus propias palabras, fue poco menos que «un fantasma», alguien que, como decía Sartre, está «de más»). Si en los *Relatos sobre la falta de sustancia* (1977) decía habitar y conocer a fondo «una soledad más grande de la cual nada puede pensarse», así nos asoma todavía hoy Álvaro Pombo en su última novela, *El cielo raso* (2001), a un fragmento de la vida londinense del protagonista, Gabriel Arintero:

> Durante el día, durante las clases de inglés, mientras trabajaba de camarero o de *cleaner*, pensaba en su habitación pequeña, iluminada por el flexo, calentada por aquellos artilugios dialogantes del alumbrado sobre una parrilla de material refractario [...] donde bailoteaba el gas azul hasta enrojecer la parrilla con un olor a niebla... La habitación de Arintero tenía su contador individual que se alimentaba con peniques. El crujido de la llama de gas en aquella loza aislante imprimía recogimiento a la habitación abuhardillada, evaporaba la reluciente humedad de las paredes y enclaustraba a Gabriel Arintero en una poética de personaje solitario, desconectado del mundo real, olvidado por su familia, sin patria, un hombre errante que, atardecer tras atardecer, abría su lata de *pilchards in tomato sauce*, tostaba dos rebanadas de pan de molde y cenaba lentamente para tumbarse luego en el catre a leer hasta que le vencía el sueño [...] pero los otoños y los inviernos en Londres duran mucho. El entre dos luces del atardecer se extiende por los cielos, por las sombrías colinas de Londres, como una narración repleta de incidentes vedados al solitario que se queda en casa [...] En la soledad de Arintero en su buhardilla, los primeros años de Londres, siempre anochece...

Quien conozca la obra poética de Pombo reconocerá enseguida en esas líneas al mismo personaje aislado que en los primeros *Protocolos* nos relataba lúcida y sobriamente, con el detalle de un minucioso informe, lo siguiente: «Volví solo / Atravesé el parque dos hombres / Se hurtaban tras los árboles / Al llegar / A mi habitación herviré medio paquete / De spaghetty [...] / Me apoyé un rato en la balaustrada mojada [...] / He elegido esta manera de vivir / Del todo». Es la misma voz que en uno de los mejores poemas de su libro *Variaciones* confiesa: «Yo no soy de esta ciudad ni de ninguna / he venido por casualidad y me iré por la noche / aquí no tengo primos ni fantasmas [...] / Cenaré temprano y antes de que salgan del cine las parejas de novios / habré dejado de ser en la mirada enumerativa / de la estanquera / Y habrán fregado ya mi taza de café / y mi tenedor y mi cuchillo y mi plato / en la Fonda sustituible».

Al hablar de la experiencia de la casa y del interior, centrándolas en la infancia y adolescencia del escritor, por oposición al puro exterior del exilio londinense, no debe entenderse que esos primeros años fueran años felices bajo una especie de «cielo protector» facilitado por los progenitores. Basta leer el comienzo de *El héroe de las mansardas* para comprender la situación de Kus-Kús, el niño protagonista: «Los señores generalmente estaban fuera, y cuando estaban en la casa generalmente era fiesta». Se trata de una infancia transcurrida lejos de los padres, que aparecen sólo en ocasiones y más bien inspiran temor porque vienen fundamentalmente a poner orden. Es un mundo de criadas, de misses y de Fräulein al cuidado del hijo (recordemos también la Fräulein Hannah que se ocupa de Fernandito en *Donde las mujeres*). Pues no es otro el contexto de un poema de *Variaciones* en el que el niño implora a la criada: «No te vas a ir nunca ¿verdad? de esta casa / no te irás para siempre me casaré contigo / y no tendrás que servir a la mesa». En *Protocolos*, la desesperada súplica para retener a la persona amada nos conmueve profundamente: «Quédate conmigo todavía otra tarde [...] / Quédate conmigo que soy rico / Que sé hablar de filosofía y letras». Este peso de la antigua ausencia se deja notar todavía hoy, en *El cielo raso*, su más reciente obra, donde podemos leer:

> Para el ama no había nadie más que Leopoldo, para Fuencisla el rey de la casa era Leopoldo. Cuando Fuencisla se marchó de casa, Leopoldo se sintió perdido y lloró mucho. Y se iba al cuarto de Fuencisla y se metía dentro del armario, donde ya no estaban sus vestidos. Y se escondía allí a llorar y a no querer salir [...] Toda niñez es triste: durante toda la niñez el sirimiri de la tristeza antes y después de los destartalados patios del colegio: tuvo que volverse un chico bruto Leopoldo, liarse a patadas con quien fuese: que nadie supiese que lloraba solo. Cuando Fuencisla se marchó de casa, pensó Leopoldo: lo que ahora yo diré, ¿a quién le hará reír?, ¿quién verá la gracia? A nadie le hará gracia lo que diga.

Si hay una característica peculiar en las novelas de Álvaro Pombo es su detallada y exacta descripción de los ambientes interiores y de la vida, conversaciones, costumbres, etcétera, que en ellos tienen lugar. Se trata de grandes y apartadas casas, magníficos chalets, torreones autárquicos en aisladas y selectas penínsulas, altas terrazas, pisos laberínticos acordes con la conciencia espejeante, cambiante, tortuosa, desdichada, de sus propietarios, cortes palaciegas, sobrios y sólidos monasterios... En su poesía, la obsesión por estos espacios aparece magistralmente en *Hacia una constitución poética del año en curso*: «Has visto sólo una ciudad por fuera / dentro no hay nadie. / He visto sólo una ciudad por dentro / fuera no hay nadie»). El exterior es siempre la amenaza, lo innecesario, lo prescindible, una realidad que puede incluso negarse. Véanse si no estos versos: «Nunca creí que hubiera otras ciudades gentes como nosotros ajenas a nosotros» (*Variaciones*), «Desde la ventana / Que da al jardín se ve el jardín / Si se mira / Y se ve que eso es todo»; «¿Ves tú una ciudad detrás?» (*Protocolos*). Puede decirse que más que una nostalgia de interiores confortables del pasado, lo que hay en la poesía y prosa pombianas es una galería de perso-

185

najes, conciencias, voces, que de un modo u otro siempre terminan expropiados, exiliados, que buscan la seguridad de un lugar que nunca tuvieron o que sólo en apariencia o temporalmente disfrutaron: hijos adoptivos que al crecer, al cambiar, son rechazados y expulsados, amas de casa cuyo feliz hogar se transforma en un infierno, niños que juegan felices con sus primos en terrazas hasta que llega el amenazador final de la infancia, hijas de buena sociedad que descubren la mentira o el oscuro secreto del círculo familiar y consecuentemente deben hacer las maletas, guerreros que desaparecen por el capricho de otros o que viven de golpe la falsedad de todo su proyecto de vida, de toda su santa cruzada, homosexuales a los que en adelante se les cierra cualquier posibilidad vital y emprenden un largo exilio...

Y, sin embargo, esa soledad y expropiación radical es el único lugar desde el que Pombo siempre ha vivido y escrito, por decirlo así, su punto de partida, su verdadera casa («Ninguna caverna fue más triste», sentenciaba en *Variaciones*). Lo que no significa que sea el confortable lugar de las certidumbres. Pues si Machado decía «En mi soledad / he visto cosas muy claras, / que no son verdad», Pombo nos habla a través de su poesía de los espejismos confusos, fragmentarios; de la conciencia, de esas verdades que finalmente no eran tales: así escribe en *Protocolos*: «He vuelto a ver el envés de mi vida / Y no lo parecía»; «Desde un principio es incomprensible / Cada terminación»; «Darán con uno / que se parece a uno que se parece a uno / Muy parecido». Y en *Variaciones*: «y yo supongo que entonces leí lo que recuerdo ahora / y yo supongo que estuve donde estuve y que hice un viaje / aunque no hablé con nadie y viajé solo».

Llegado este punto, podemos afirmar que si en la prosa de Pombo se ha dado una evolución desde el llamado «ciclo de la falta de sustancia» al llamado «ciclo de la realidad», donde las respuestas del autor, siendo igualmente desesperadas, abren al menos la puerta a una afirmación del mundo y del valor –por ejemplo– de la bondad, de la solidaridad, del cuidado del otro, etcétera, puede apreciarse igualmente una transición, en su poesía, desde la enumeración –sin salida, ni consuelo– de la precariedad, inutilidad y falta de sentido de nuestra vida, la ausencia de Dios, etcétera, a la enumeración rehabilitadora que alienta en su último libro de poemas: *Protocolos para la rehabilitación del firmamento*. No se trata de un giro beatífico o una conversión, no es una caída del caballo camino de Damasco. Es el mismo Pombo de siempre, que sigue temiendo que nada sea finalmente en serio, que la muerte sea sólo un dato más, que deje sin sentido nuestras vidas y acciones, que interrumpa de golpe nuestras pequeñas pero no por ello menos importantes tareas («La muerte es como nosotros / Llana leve puntual como nosotros / Deja sin acabar las casas y los árboles / Frutales», escribía en *Protocolos*). No ha cambiado su terror a que nos aguarde sólo la pura nada, a esa muerte «limpia y firme, definitiva y clara» de la que hablaba en los *Relatos sobre la falta de sustancia*, que igualaba (sin trascendencia posible) a hombres, perros, pájaros, peces y moscas. ¿Dónde están pues las diferencias entre su primera y última etapa? En *Protocolos para la rehabilitación del firmamento* el poeta considera que pese a las evidencias contrarias, merece la pena volver a decir el mundo por muy fugaz y frágil que éste sea: merece la pena exaltarlo, salvarlo. Porque el mundo, en su grandeza y misterio, se nos impone y parece de nuevo querer decir: «¿Y este sol? ¿A qué viene este sol? ¿Y el cariño a qué viene?». Como el olmo viejo de Machado, cuya rama volvía a brotar inesperadamente llena de gracia, también en un Pombo exaltadamente hegeliano: «Una remota idea de sí mismos hizo volver en sí los verdes a los álamos / No es por nada, dijimos, fue por casualidad», o de repente la luz, la misma luz de siempre, se vuelve hoy raramente amarilla y poética: «Y hay una clara sumisión limonar en todos los senderos que van de este a oeste». El poeta, ante la posibilidad de que todo caiga en el olvido, hace un gran ejercicio de memoria, enumera para fijar el mundo, para que no se desvanezca y se desfonde. No es que podamos librarnos de la confusión («¿Empezó todo, hermano, al final o al principio?», sigue preguntando), pero frente al terrible: «ya no me acuerdo madre no me acuerdo de nadie no me acuerdo de nadie» (de *Hacia una constitución poética del año en curso*), vuelve a aparecer la figura materna, con la que entabla diálogo, pero esta vez para ayudarle, desde donde esté, a recordar con precisión hasta los detalles más mínimos de la niñez del poeta («¿Recuerdas los membrillos? / Fíjate bien / Haz memoria»): se vuelve una tarea esencial, urgente, rememorar y esclarecer cómo eran los membrillos, los cestos, los cerezos, los rosales, las conversaciones, las estaciones del año, las ciruelas claudias, las fieras del zoo, la chimenea..., el mundo. El poeta quiere que al menos ese mundo se sostenga en lo que fue y en lo que es, y su vehemente deseo sólo puede tomar, finalmente, la estructura de una oración: «Te rogamos Señor que la jarra contenga el agua / Que los claveles chinos duren hasta el otoño [...] / Que el jardín resplandezca / Que sea primavera en las vaguadas rítmicas del Parque del Oeste [...] / Te rogamos Señor que la jarra contenga el agua [...] / Ahora y en la hora de nuestra exaltación».

No es que el poeta, transido por un renovado rayo de fe, haya dejado de preguntarse, como en *Variaciones*, «¿Quién es o qué es / esa larga muerte que me aguarda?», puede que incluso se sepa más mortal que nunca: «Hemos tardado tanto que la muerte parece más grande que la vida / ¿Es demasiado tarde? ¿Fue demasiado pronto?». No ha cambiado aquella firme opinión de *Protocolos*: «Desde un principio es incomprensible / Cada terminación». No canta otro cielo que el de aquí, el *cielo raso* –por parafrasear su último título– que aquí podamos hacer posible con nuestras acciones, pues lo demás, la posible trascendencia futura, pertenece, como siempre, al misterio, y Dios por el momento, como lamentaba en *Variaciones*, sigue sin «concedernos audiencia». Cabe ahora sin embargo la esperanza de una merecida exaltación-salvación, al menos con minúsculas: y así se la ha imaginado el último Álvaro Pombo: «¿A qué viene este alegre revuelo de pigazas? / ¿A qué viene este júbilo del sol en los botijos? / ¿A qué viene este acento tan claro y confiado en mis propias palabras? [...] / ¿A qué viene este in-

188

menso trino de las alondras que retumba en las bóvedas craneanas del mundo? / ¿Por qué hay tantos pardillos de inteligentes ojos como alfileres de oro? / ¿Es el Reino?». Parece que con lo dicho se esforzara Álvaro Pombo, heroicamente, en desmentir estas antiguas palabras de *Variaciones*: «Nunca ninguna fuente permaneció un instante / Nunca ninguna cosa sólida permaneció constante [...] / Ni de mí ni de nadie hubo vestigio alguno».

ERNESTO CALABUIG

ESTUDIO DE WESLEY WEAVER*

Para el lector familiarizado con su obra narrativa, la poesía de Álvaro Pombo francamente desconcierta. A diferencia del planteamiento realista de sus cuentos y novelas, en su verso se encuentra una subordinación de referencialidad, una huida eliotiana de la personalidad si se quiere, que se manifiesta desde los mismos títulos y disposición física de sus poemarios. Como en el caso de la escritora canadiense Margaret Atwood (*Procedures for the Underground*), la obra poética de Pombo parece ofrecer más una serie de manuales de instrucciones que obras de arte: *Protocolos* (1973), *Variaciones* (1977), *Hacia una constitución poética del año en curso* (1980) y *Protocolos para la rehabilitación del firmamento* (1992). Es más, los poemas individuales de Pombo no llevan título en el sentido tradicional de la palabra. En el caso de *Protocolos* y *Hacia una constitución poética del año en curso*, los poemas «se configuran» según una numeración peculiar: por ejemplo, el primer poema de *Protocolos* lleva la cifra 111, pues pertenece a la primera subdivisión temática del libro, es el primer poema de la sección y el primer poema del libro.[1] En *Hacia una constitución poética del año en*

---

* «"Not ideas about the thing but the thing itself"»: una introducción a la poesía de Álvaro Pombo», Wesley J. Weaver III, State University of New York College at Cortland.

1. La peculiar distribución de *Protocolos* responde, según nos comunica el poeta en el prólogo de la obra, a una tentativa de distanciamiento en la reproducción de una serie de cifras, como si fuera el producto de un ordenador. Sin embargo, Pombo ha revelado en una ocasión que la peculiar ordenación numerativa también sugiere la disposición del *Tractatus* de Ludwig Wittgenstein, la cual refleja un deseo de atomismo lógico, según los estudiosos del filósofo austriaco. Se trata de una construcción lógica, un poema lógico si se quiere, que refleja la idea de que la importancia del

curso, la numeración corresponde a la subdivisión del libro y el lugar del poema en el libro entero. En *Variaciones*, cada poema lleva el título genérico «Variación» y su correspondiente número ordinal según su lugar en el libro (primera, segunda, tercera, etcétera), como es el caso en las *Rimas* de Bécquer (Pombo también tendrá su peculiar «Himno gigante y extraño» detrás de esta distribución). Finalmente, los poemas de *Protocolos para la rehabilitación del firmamento* no llevan ni título genérico ni número, pero, al igual que en *Variaciones*, pueden concebirse como «momentos» de un gran poema.

Este planteamiento «físico» de la poesía tiene ilustres antecedentes; en un ensayo publicado en 1981 en la *Paris Review*, el poeta inglés Philip Larkin afirmó que el sitio debido para su poesía estaba en la página impresa. Para él, el lector pierde mucho al intentar reconstruir la distribución de las estrofas, incluso la comodidad de saber lo que queda del poema, en un recital público. A diferencia de Larkin, la poesía de Pombo no busca preparar el terreno al lector para un gran final a través de una arquitectura centrífuga, sino revelarle en cada verso una epifanía o su búsqueda desesperada, dando paso a otro verso que reemprende la misma lucha, reproduciendo la misma tensión. Frank Kermode destaca en un penetrante estudio sobre Wallace Stevens, un poeta muy admirado por Pombo, la preocupación del poeta

---

lenguaje no está en lo que representa, sino en cómo se utiliza. No es nuestra intención desentrañar el significado de este texto filosófico, sino lo que la obra sugiere para Pombo: el idioma es imperfecto, la poesía intenta ser este lenguaje que lo quiere explicar todo, pero reconoce a la vez la tendenciosidad de la misma. Si consideramos la reconstrucción del texto como trabajo del lector, de hacer sentido, entonces la poesía de Pombo parece encerrar los mismos fines que su novelística: plasmar el proceso de reconocer al otro desde un tú; trabajo imposible pero imprescindible para salir de un egocentrismo insustancial. En este contexto se aprecia la naturaleza instructiva de estos *Protocolos*; Pombo lleva a nivel individual la esencia del término: reglas ceremoniales observadas por jefes de Estado en sus comunicaciones interpersonales orales y por escrito; comunicaciones que van fuera de una persona, comunicación de un conocimiento, no conocimiento de una comunicación.

norteamericano por el *mise en scène*, es decir, la representación física del texto en la página impresa. En *Hacia una constitución poética del año en curso* y *Protocolos para la rehabilitación del firmamento*, se encuentra asimismo materia gráfica incorporada a la lectura. Pombo no sólo comparte con Stevens este reconocimiento de la importancia de la presentación gráfica del poema; también comulga con la idea de que la poesía es *renovación* y no *evocación* de la experiencia, junto con la noción de la poesía no como reveladora de la verdad, sino como herramienta de búsqueda de la misma: *Not ideas about the thing but the thing itself*, como repite el poeta norteamericano en el título de uno de sus más famosos poemas. Así, la poesía de Pombo se inscribe de pleno en la eterna dialéctica de poesía como comunicación y como conocimiento. José Ángel Valente ha planteado esta dialéctica en estos términos:

> El acto creador aparece así como el conocimiento a través del poema de un material de la experiencia que en su compleja síntesis o en su peculiar unicidad no puede ser conocida de otra manera... Por eso el tiro del crítico yerra cuando en vez de dirigirse a la supuesta experiencia que lo ha motivado, buscando en ésta la explicación de aquél, porque tal experiencia, en cuanto susceptible de ser conocida, no existe más que en el poema y no fuera de él.

En suma, Pombo, también inspirándose en Eliot, afirma que la poesía es digestiva y meditativa, no un trabajo que se emprende con éxito cada día. Siguiendo las famosas palabras de Wordsworth, comulga con la idea de que la poesía es «Emotion remembered in calm», o sea, una sedimentación distinta de la que encontramos en la prosa; es un hablar excepcional, un momento de abstracción dando vueltas a la materia de la vida. En el contexto de su corpus literario, se explica el peculiar fenómeno de la aparición de un libro de poesía tras un período intenso de creación narrativa: *Hacia una constitución poética del año en curso* es la crónica de un fracaso que prefigura el fin del ciclo de las novelas sobre la falta de sustancia en la obra *Los delitos insignificantes* (1986), mientras la poética del bien que se manifiesta en su obra *El metro de platino iridiado* (1990) se consolida en el optimismo atenuado de *Protocolos para la rehabilitación del firmamento*. La novelística de Pombo también es un importante punto de referencia para entender el valor de la palabra en su expresión poética, junto con los valores que informan su universo poético. Por ejemplo, en la antes mencionada novela *El metro de platino iridiado* se encuentra la siguiente declaración puesta en boca de Martín:

> «Ahora bien, María, ser inteligente no lo es todo: la inteligencia es la gran trampa de la edad adulta: la inteligencia se conforma con gran facilidad con todo, poco o mucho: tú corres el peligro de acabar tan ajustada, tan adecuada y tan conforme con lo que se llama lo normal que a última hora no pueda ya ni yo –fíjate bien, María, ni yo mismo, con tanto que me quieres, con tanto que quieres que te quiera, yo tampoco– entresacarte de la vulgaridad inmensa de lo que llamas tú, con brillos en los ojos, la realidad de la vida cotidiana: ahí no hay nada: sacar partido de lo que hay ahí se puede, a veces, desde luego, algunos han podido: incluso aquí, en España, algún poeta: se cuentan con los dedos de una mano: Luis Felipe Vivanco, por ejemplo, sería uno: otro sería, otra, mejor dicho, Teresa de Jesús: ya se comprende: lo de los pucheros y demás» (134).

A pesar de no ser el personaje más simpático de la novelística de Pombo, el intelectual Martín sí logra articular el ideal poético de su creador: ser uno de aquellos pocos que sacan partido de la nada, una poesía donde destaque lo cotidiano como única vía al conocimiento y a la transcendencia sin comprometerse con un realismo detallista que quede en la superficie del referente; en efecto, una lectura de su poesía nos acerca a lo que llama Masoliver Ródenas en el prólogo de *Variaciones* «la recuperación de lo más mínimo, de lo más nerudianamente elemental». La alusión a Luis Felipe Vivanco, uno de aquellos que se ha inspirado en lo aparentemente insustancial, no es caprichosa; Vivanco es el prologuista del primer libro de poesía de Pombo, donde destacó la «necesidad de estar entre paréntesis», del poeta, lo cual resume Javier Goñi en términos de un deseo de «ser escritor, fascinado como se sintió, desde siempre también, por las palabras». El Ceporro, protagonista de la novela *Aparición del eterno femenino contado por S. M. el Rey* (1993), expresa esta fascinación en estos términos: «Una palabra viene a ser como un agujero: se entra por la palabra y si se quiere no se sale y desde dentro se ve lo que hay afuera, como desde dentro de un agujero, como si fuera un catalejo y lo que se ve fuera un paisaje circular. Cada palabra está llena de palabras, al mismo tiempo que vacía para poder entrar fácilmente... [las palabras] son cuevas con pasadizos que las comunican casi a todas...». Este concepto de la palabra se refleja en la forma peculiar de la poesía de Pombo. Cada poema consiste en versos de tiradas desiguales en extensión, cuya finalidad no es tanto acercar la poesía a la prosa hablada, sino poner de relieve el carácter tentativo de cada línea que sólo cobra importancia al capacitarse para enlazarse con otra, a través de las asociaciones más diversas.

En su primer libro de poesía, *Protocolos*, junto con el reconocimiento de la ya mencionada deuda contraída con T. S. Eliot en cuanto a la poesía considerada como *An escape from personality*, Pombo reproduce también parte de la elegía de Rilke al conde Wolf von Kalckerth en la cual se queja de aquellos poetas que llaman la atención sobre sí mismos, una endemia que afecta la poesía española de su tiempo, que oscila «entre rabioso individualismo indentificable y rabioso colectivismo sin sustancia» (10). Como consecuencia de este concepto de la poesía, inaugura su obra poética con el siguiente opúsculo: «Aña hice caca / Nene de nobis ipsis silemus». A la evocación de uno de los primeros momentos de autoconsciencia, cuando el niño se da cuenta de sí mismo a través de sus funciones biológicas se yuxtapone la famosa declaración que Kant incluyó en la segunda edición de la *Crítica de la razón pura* basada en el prefacio del *Instauratio Magna* de Francis

Bacon. El texto, que se puede traducir «Deberíamos callarnos sobre nosotros mismos», es un exordio al hombre para que sea humilde, para que busque la concordancia de las cosas, para que pueda contribuir al mejoramiento de la especie, mediante el uso de sus capacidades empíricas («Deinde ut suis commodis aequi... in commune consulant... et ipsi in partem veniat»). En suma, en este primer volumen, Pombo se aleja de una conceptualización egocéntrica de la poesía, abogando por un arte donde destaca una expresión que sólo vale «en la medida en que su individualidad condicionante se pierde o se transfigura en voz colectiva, en nosotros».

Protocolos se divide en seis unidades temáticas o, si se quiere, «sensaciones», según el mismo poeta ha declarado.[2] La nota común, sin embargo, es la tendencia hacia un verso dilatado que no lleva puntuación, causando la sensación de un texto cuyo significado se produce mediante el ejercicio de la libre asociación, el procesamiento de una confluencia de ideas, o la separación de una dualidad de significados según la voluntad del lector. En todo caso, la nota común es la voluntad de Pombo de callarse sobre sí mismo y reproducir sensaciones: su afán no es desnudarse, sino plasmar una experiencia que ya no forma parte de sí mismo. Para comprender este concepto impersonal en su poesía, hay que acudir a uno de sus cuentos reciclados, «Laki Luky», en el cual se reproduce el monólogo de Luque, el plusmarquista mundial de salto de longitud, con ocasión de una entrevista concedida a un periodista. Aquí confiesa que es cualquier cosa menos afortunado («Laki», *lucky* mal pronunciado), pues, en lugar de ser fuente de mucha satisfacción personal, su récord le ha enajenado hasta el punto de que ha perdido contacto con su yo esencial. En la apariencia textual del discurso de Luque, que consiste en barras que dividen las meditacio-

---

2. Se trata de una evocación que forma parte de un ensayo sobre el poeta Carlos Bousoño, publicado originalmente en el *Diario 16* del 9 de enero de 1988 y reeditado en 2002 en *Alrededores*.

nes entrecortadas y caóticas del narrador, como si midiera sus palabras con la misma obsesión con que mide los centímetros que salta, se presenta la imagen de un hombre descontento. De hecho, el batimiento del récord le ha convertido en un ser sumamente paranoico: «los adoradores hacen que peligre más mi vida / más si cabe/» (113). Luque sabe que el entrevistador está allí para obligarle a evocar por enésima vez el hecho histórico, cuando eso es precisamente lo que quiere olvidar: «a mí no me hacen falta los recuerdos / mi vida está por ver» (113). La explicación de su extraña actitud está en el hecho de que ha perdido el norte desde su histórico salto. Al separarse dos centímetros de sus demás rivales un buen día, y por no haber vuelto a repetirlo, se hunde en un problema existencial: «¿Son nuestros nuestros actos si sólo los hacemos una vez? [...] haces todo lo mismo y no es lo mismo / un superior/ [...] / si lo sabes hacer sabrás volverlo a hacer / ¿sí o no?» (115). De forma semejante, el Pombo de los *Protocolos* (y de sus otros libros de poesía) reconoce que el pasado es ilegítimo, y es imposible recrear una vida desde un presente, sólo se puede comunicar la extrañeza producida ante la empresa de recuperar ese pasado.

La primera sección de *Protocolos* consta de una serie de poemas que versan sobre los problemas de la contemplación. La contemplación del retrato del dogo Leonardo Loredan hecho por Bellini (poema 122), un «incisivo» Loredan que contempla cómo el poeta le contempla,

> *Rostro sumido en la fijeza*
> *De su noble máscara*
> *Consistencia distante de un objeto*

le revela que el cuadro, como su propia contemplación, su poema, no es sobre una figura, sino lo que contempla esta figura. Tras una serie de observaciones de varios cuadros que le incitan a evocar la circunstancias de su génesis, pasa a una serie de poemas que son «enumeraciones», que también buscan capturar la esencia de seres muertos: la mujer de un tratante de espíritus, un intelectual apolítico, una gata persa. En cada caso, esta tentativa de recuperar al muerto, preludio de su gran novela de su primera época, *El parecido* (1979), culmina en un fracaso, pues «Ahora es como un devocionario sin estampas». Los cinco poemas que comprenden la próxima sección también rastrean en el pasado, pero con el resultado no de recuperar sino de comunicar la sensación de soledad que siente el poeta, y buscando las causas de la misma:

> *Tú hubieras vuelto a tiempo*
> *De la calle insegura y copiosa*
> *Hubieras encendido las luces de la sala*
>
> *Y la mantelería de hilo silencioso y cálido*
>
> *Y hubieras pensado acerca de mí*
> *Sin duda alguna*
> *En la estación inmóvil o en Valladolid*
> [...]
>
> *Hermano*
> *El atardecer es una falsa prueba de amor*
> *Y tú lo sabes*

El recuerdo persiste en la próxima sección, pero yuxtapuesta con la amenaza del olvido; como tendremos ocasión de ver repetidas veces en la poesía de Pombo, el olvido y la muerte se utilizan casi de forma intercambiable, como se aprecia en el poema 3317:

> *Contra mi voluntad la muerte*
> *Hipotecó mi casa y mis recuerdos*

La yuxtaposición de recuerdo y olvido prepara el terreno para la plétora de emociones contradictorias que caracterizan los poemas de la serie de la cuarta sección, que son variaciones sobre el tema del regreso. El poeta nos dice en un poema «Ah lo he olvidado todo / Pero he de volver / He de volver si el tiempo no lo impide», pero en otro momento la extrañeza o la falta de confianza ante la recuperación del pasado le abruma: «Si esta noche volviera no sabría hacerme una taza / De té / Tendría que decir: llamé por teléfono y no me recibieron». Los poemas de la próxima serie se ocupan nuevamente del tema del olvido y su parecido con la muerte. En el primero, el poeta confiesa que «No tuvimos cuidado con la muerte / Olvidamos la dicha entre los árboles / Nos detuvimos en estrellas de mar». Lo que sigue son una serie de versos poblados de imágenes que intentan reconstruir el rompecabezas del pasado: avenidas de castaños, carretas de bueyes, detenciones, viajes en trenes, luces sin apagar. En suma, el pasado está en ruinas, y el apóstrofe que se encuentra en el poema 4427, «Ay Fabio»,[3] confirma el sentimiento de pérdida ante algo irrecuperable.

La quinta parte de *Protocolos* se enfoca en términos de la creación artística, anunciada desde el poema 5133, donde se yuxtaponen citas de Dante (*Purgatorio* XXX, 48) y Boileau (*Arte Poetique*): «D'un pinceau délicat l'artifice agréable / Du plus affreux object fait un object aimable». Para el poeta, el arte puede superar a la naturaleza, pero corre el riesgo de hacer que la recuperación deseada del pasado mediante la creación[4] conduzca a una fabulación del mismo, según confirma en el poema 5233: «He inventado el amor o lo he copiado / De un libro de Iris Murdoch (viene / A ser lo mismo) como inventé hace años». Sin embargo, en el poema que pone fin a esta sección nos indica que el sentimiento del amor pervive a pesar de las trasmutacio-

---

3. Referencia a la oda «A las ruinas de Itálica», de Rodrigo Caro.
4. Se trata de la consabida recuperación por apropiación a la que alude en su ensayo «De la novela y sus filosofías furtivas».

nes de la invención: «Te amo transfigurada en chiste / Verde / O de memoria».

La última sección del poemario se enfoca en el estado del poeta tras esta intensiva actividad de ver, recordar, enfrentarse con el espectro del olvido y desafiarlo a través de la recreación en el arte. Otra vez, no es la construcción de un ser en el tiempo, Álvaro Pombo por más señas; de hecho, el poema 6950: «¿Quiénes somos? / ¿Qué plurales sujetos hacen falta / A libros de poemas? // ¿Qué poesías didácticas debiéramos / Compaginar con nuestra mala potra? [...] / No os llevaré entonces hasta el final del jardín / No enseñaré de nuevo la lección de la muerte / No sé acabar sin repetir lo que empecé diciendo». En efecto, Álvaro Pombo cumple con su advertencia inicial de que deberíamos callarnos sobre nosotros mismos, mientras desafía la noción de Wittgenstein de que se debería quedar callado sobre aquellos conceptos que no se pueden expresar, mediante su uso de un correlato objetivo como medio de comunicar los sentimientos que faciliten la compenetración no con el Pombo autobiográfico, sino con el yo lírico. Nos presenta el corazón «desnudo de cintura para abajo» de Jaime Gil de Biedma mediante sensaciones que no construyen una figura, sino que evocan una experiencia vital, aunque no sabría comunicarnos en qué consiste precisamente. Es decir, reconoce con Eliot que *the poet does many things upon instinct, for which he can give no better account than anyone else.* De allí que no hay clausura poética como tal en Pombo. Una lectura típica de su poesía aporta un cierto malestar de no haberlo captado del todo –aunque sabemos que tal captación es imposible– pero a la vez presenta un pretexto perfecto para reemprender la lectura, la búsqueda de esta compenetración hacia lo infinito.

Esta poesía de un significado que se aleja, se refleja en su libro más emblemático, *Variaciones*, galardonado con el Premio El Bardo. Tal como el título sugiere, su verso no se concibe como una entidad autónoma cerrada. Es un constante proyecto que busca nombrar lo innombrable, prefiriendo abarcarlo desde la totalidad de una serie de aproximaciones, variaciones. El carácter impreciso de la poesía de Pombo que le lleva a no declararse sobre temas específicos que remontan a títulos concretos se manifiesta al nivel del poema, en la incapacidad de pronunciarse sobre una palabra fija, muchas veces debido a la inherente referencialidad ambigua. De allí las muchas situaciones donde se observa la yuxtaposición de dos palabras de significado parecido, donde la tarea del lector es bien la de búsqueda de un término medio, o la indagación sobre las distintas asociaciones:

deseábamos sólo descansar detenernos
(Variación undécima)

Ahí están las cosas repetidas genéricas los lados de los rostros
  minerales
(Variación vigesimoséptima)

Nos enredó la dulce mortandad de los infieles rostros que son ahora y
  no son
lo mismo que eran entonces y no eran y las selvas pensadas
(Variación trigesimosegunda)

Al nivel sintáctico, esta misma tendencia se ve en la falta de puntuación dentro del verso que dificulta la clara transición de ideas, poniendo de manifiesto un soterrado enlace entre las mismas:

la luna resbaladiza que enmarcaba los hombros de los árboles
reverdecidos los años lóbregos y silenciosos que todavía permanecen
(Variación duodécima)

La clara falta de definición tanto en las imágenes de Pombo como su representación física se explica en términos del concepto personal del poeta sobre la vida, según nos revela en la variación decimoquinta:

Oh ilusoria vida que eres nuestra de chiripa y casi nunca entera
jamás del todo recogida en una sola voz o un solo gesto o una única
gesta la hazaña que había de durar hasta que en puro instante

se deshiciera el tiempo [...]

Como se aprecia en este último fragmento, se percibe en muchos poemas de *Variaciones* una calidad apostrófica. Por apóstrofe se entiende la «figura que consiste en cortar de pronto el discurso o narración para dirigir la palabra con vehemencia a una o varias personas presentes o ausentes, a seres abstractos o a cosas inanimadas o a sí mismo en iguales términos». Algunos ejemplos de textos son:

¿Quién es o qué es
esa larga muerte que me aguarda?

(Variación primera)

Oh que los libros fueran no apoyo sino impulso
y que el impulso antiguo nos confundiera ahora porque ahora
deseábamos sólo descansar detenernos!

(Variación undécima)

¡Todo qué cursi y qué bonito todo!

(Variación vigesimotercera)

Podemos apreciar de inmediato que estos apóstrofes, o prosfóneses, contribuyen a dar un cariz epifánico al poema; es decir, muchas veces surgen del poema como una iluminación que le llega al poeta en el acto de componer. De esa manera, es fácil ver cómo forma parte importante de la estructura del libro entero, puesto que estas epifanías le llevan a realizar las asociaciones que existen entre los diversos poemas que versan sobre un puñado de temas que varían en tratamiento e importancia de pieza en pieza. Por otra parte, el apóstrofe sugiere el nivel artístico del poema. Según David G. Anderson, en su estudio sobre las odas de Neruda, importante antecedente en la poesía de Pombo,

> Apostrophe [...] is not a direct communication, since the poetic speaker in effect turns aside from his reader or listener to address someone or something within the text. It is therefore appropriate to see in apostrophe an artistic trope on the normal or nonartistic circuir of communication itself, since the message in the artistic text is deflected and indirect. The listener is placed in the position of «overhearing» rather than being spoken to directly.

A continuación, Anderson afirma que el efecto del apóstrofe en estos términos es el de aportar un cariz autorreferencial al poema al llamar la atención a su calidad artística, restando importancia a su carácter inicialmente informativo (46). Un claro ejemplo de este fenómeno se encuentra en la vigésima variación:

Sus venas como los ríos son iguales que tú
los dedos de los cristales los nombres escritos en el vaho de los
cristales tu nombre escrito en el polvo de los cristales

Durante todo el verano la sala se detenía en la calma de las hojas
aquel verano aprendimos las nuevas inclinaciones del cuerpo
y al atardecer llorábamos

Nunca creí que hubiera otras ciudades gentes como nosotros ajenas a
*   nosotros*
aquel verano todo pareció mucho menor y más íntimo
miles de sentimientos que se ahogaban en un vaso de agua

Los árboles coincidían contigo cada tarde la tarde
coincidía contigo cada tarde el autobús
llegaba tarde cada tarde y tú llegabas tarde cada tarde

Oh amor qué tontería era el amor y sigue siendo!

En este poema, lo apostrófico se impone desde la presencia de este «tú» que surge del fondo de la memoria del poeta; para el lector, ubicado fuera de este diálogo con una figura conjurada del pasado, el texto cobra matices autorreferenciales al poner de relieve su artificio. Por si esto no fuera bastante, la interjección al final, «Oh amor qué tontería era el amor y sigue siendo!» no sólo no se destina a ese tú, sino tampoco al lector, y representa ya al poeta abruptamente desconectado de aquel mundo de quimera que formaba parte de su juventud, recalcando su reacción a esa conjuración de su memoria. De esta manera, Pombo pone de relieve el proyecto que le llevó a concebir su poesía de «variaciones»: representa diversos viajes de la memoria que se enlazan entre sí, distinguibles sólo a través de estas epifanías que los convierten en poemas autónomos, pero que, inevitablemente, vuelven a las mismas obsesiones: el amor, la muerte, el pasado. A lo largo de *Variaciones* vemos cómo se relacionan los poemas a través del juego de asociaciones que se cimentan en la psique del autor. Por consiguiente, las variaciones tienden a agruparse según nexos temáticos, cuya prominencia se diluye hasta aproximarse a otro grupo temático. La primera variación del libro, que trata sobre una vitrina, lleva al poeta a meditar sobre la muerte, partiendo de la contemplación de la naturaleza muerta del escaparate:

> *En la vitrina estábamos muy cerca*
> *de la muerte ecuménica*
> *nosotros dos*
>
> (Variación primera)

Del lado de los vivos, «Separado de la muerte por una barrera imprecisa» (variación tercera), la especulación sobre la presencia de la muerte se trueca en la variación quinta en una observación sobre el tiempo:

> *Llegó a sernos familiar el tiempo de este mundo*
> *y la ciudad poblada por el mar de octubre a octubre*

las islas umbrías del indeciso viento las azoteas nupciales
y la cuesta arenosa bordeada de tamarindos húmedos
(Variación quinta)

El tiempo, inevitablemente, trae los recuerdos que poblarán gran parte de lo que sigue en *Variaciones*; pero estos recuerdos específicos no tienen la finalidad de recuperar un pasado concreto. Al llegar a la variación decimosexta, la obsesión por la muerte y el tiempo se hace patente entre la referencialidad de lo cotidiano:

Y habrán fregado ya mi taza de café
y mi tenedor y mi cuchillo y mi plato
en la Fonda sustituible
(Variación decimosexta)

Aproximándose al Juan Ramón de «El viaje definitivo», Pombo especula sobre lo transitorio del tiempo, simbolizado por el hito estancial del café borrado para siempre en el acto de lavar los platos. Al llegar a la variación decimoséptima, el poeta acude de nuevo a la imagen de manera más directa, para lanzarse a nuevas especulaciones:

Lo que fuimos y lo que no fuimos se refleja en las tazas del té junto
a la lumbre sillones de otras casas cuadros que no se miran ya
y que permanecen agrandados inundando el fondo de la sala
(Variación decimoséptima)

Estos temas principales, el tiempo, la memoria y la muerte, son importantes no como claves en el rescate del pasado del poeta, sino como imágenes que universalizan la experiencia humana:

No hay más acá que sirva de paréntesis
Ni más allá que sirva de horizonte
Imaginado es todo hasta la muerte

E imaginé tu amor que no existía
E imaginé que imaginé tu amor que no existía
E imaginé que imaginé que imaginé tu amor que no existía

El olvido y la muerte fueron reales sin embargo
(Trigesimoctava variación)

De este modo, amenazado por el olvido y la muerte, la única arma eficaz para hacer comprensible la existencia, la suya propia y la del gremio humano, es la capacidad del poeta de convertir todo lo vivido en imagen poética. Para vaciarse de lo vivido, el poeta especula sobre la muerte de su ser ligado con todo el equipaje del pasado:

Oh no no me traiciones Álvaro yo lo dispuse todo imagen tras imagen
yo contaba con ello yo supe desde siempre que mi muerte es así y mi
muerte fue dulce
Ahora ya es lo mismo
(Variación trigésima)

También esta variación final, por lo tanto, es la observación de esta muerte:

Me transportaban cuatro generales
y en la Red de San Luis se atascó el duelo
lloraban reyes lágrimas reales
Hortera y Mártir fui derecho al cielo

El entierro con honores es para aquel ser ligado con el *hic et nunc*, lo cotidiano; el yo que sobrevive es amanuense de lo atemporal, lo universal, cuyas variaciones sobre un puñado de temas convierten su poesía no en crónica vivida, sino en aproximaciones a lo infinito.

Sigue la obsesión con el olvido en *Hacia una constitución poética del año en curso*, que por su título sugiere un dietario poético. Su distribución se asemeja a *Protocolos* en cuanto a la numeración, pues cada sección indica el número del poema en cuanto a la obra entera, aunque no se preocupa por demostrar el número que ocupa en la sección, como si fueran variaciones sobre unidades temáticas, como en *Variaciones*. Aunque Pombo ha reconocido en varias ocasiones que no representa su obra más lograda, quizá porque se trata precisamente de la crónica de un fracaso, en cierta forma representa un microcosmos de toda su obra poética, en la cual se aprecia la calidad excepcional de la poesía para descubrir verdades pero, como en el caso de los seres que pueblan su universo narrativo, con la conciencia de que su limitación para llegar a la verdad es evidente.

El primer poema de la colección anuncia una nueva batalla que se librará entre el poeta y la memoria, en términos del dilema de recuperar el pasado en forma creativa sin comprometer su verdad, es decir, sin que la fabulación en el proceso poético ofusque la esencialidad de esta evocación. Las imágenes de este pasado se presentan inicialmente como «un tropel funerario regocijado y dorado», repleto de «personajes idénticos a personajes que ya he dibujado» que «menguaban indómitos» según «los días crecían». Estas entidades «cruzan o se detienen al borde de mi vida», «imagen y semejanza de los hilos de las enredadas cometas las nubes», doblemente diáfanos por su carácter etéreo (una nube) y fugaz (una cometa). En las otras piezas de esta parte del libro se recogen, como en sus otros libros de poesía, las resbaladizas imágenes inconexas de la memoria, «protocolo del mundo»; hasta «El último instante de la conciencia es un bulto siendo transportado». Esto nos lleva a la epifanía que inaugura la segunda sección, el poema de un solo verso: «Ilegible es el sol desvinculador del mundo». Este verso, que es también la última frase de la novela *Los delitos insignificantes* tras el suicidio del protagonista Gonzalo Ortega, representa la articulación del repentino descubrimiento de la imposibilidad de alcanzar la verdad. Prácticamente en el centro del volumen, este opúsculo es la conciencia de un fracaso: el sol platónico de la verdad es inalcanzable, y lo único posible es una articulación del pasado (así nos apropiamos de él), no su recuperación definitiva en nuestra búsqueda de un significado de la existencia. Más tarde, en las últimas dos secciones del libro, afirma que «Detrás no queda nadie. / Adviento hundido en entereza inútil». La muerte, el olvido, triunfa sobre todo, menos el proceso poético que articula una batalla perdida: «ya no me acuerdo madre no me acuerdo de nadie no me acuerdo de nadie».

En *Protocolos para la rehabilitación del firmamento* Pombo centra su meditación poética en la inmutabilidad de lo celeste, tal como nos indica en el prólogo del libro:

> El fenómeno físico del cielo es la materia poderdante que permite constituir imágenes tan poderosas y tan vivas hoy como en los tiempos de Aristóteles o de los olmecas y los mayas. Mi intento en este libro no es, pese a las apariencias, un intento complicado ni tampoco, en ningún sentido estricto, metafísico: el cielo es mi paisaje favorito: un paisaje que para nosotros, hombres del planeta Tierra, depende de la luz del sol. El cielo es el lugar de la luz, donde florecen y declinan todos los lados de todas las cosas y todos los paisajes. El cielo es el fondo, el fundamento y también el sumidero de mi exaltación más continua.

Se nota, sin embargo, que Pombo todavía está en lucha con la ineficacia del aspecto referencial del idioma. En primer lugar, gran parte del prólogo, titulado «Casi diez líneas largas acerca de "Protocolos para la rehabilitación del firmamento"» no consiste en diez líneas; al asegurarnos que «Es un hecho notable que "casi" no signifique sólo algo menos sino también algo más» (9), lleva a un nivel microcósmico el problema que forma la base del prólogo. Este problema es sencillamente que el título del libro no le cuadra bien al contenido; como acabamos de ver, también es el fallo principal del título del mismo prólogo. Frente a este flujo al nivel de la palabra, Pombo contrapone el firmamento, el cual según él «es el inmune puro que preside el transcurso de todos los discursos». Siendo el cielo «el fondo, el fundamento y también el sumidero de mi exaltación más continua», el poeta refleja esta obsesión al incluir en las páginas del libro una serie de ilustraciones de la bóveda celestial del hemisferio del norte y las constelaciones que lo pueblan, de manera que el lector, al desdoblar la enorme página a la derecha donde queda el texto del poema (donde caben en una sola línea hasta los versos más largos, continuando así una preocupación de *Variaciones*), a la izquierda puede contemplar Casiopea, Cefeo, Leo Minor, la Corona Boreal, y diversas constelaciones del Zodiaco. Al analizar la naturaleza de los grabados, reproducciones de un antiguo volumen alemán de astronomía, se puede notar cierta coherencia entre ellos y la temática del poema. Por ejemplo, a principios de la obra se lee el siguiente fragmento:

Nos deleitaron los árboles porque se habían vuelto inverosímiles
como las ánimas benditas
Y el variable azabache exaltador de firmamentos aún muy fríos de las
noches de marzo

El anverso de la página revela el grabado de la constelación de Perseo, constelación cuya época del año corresponde con el mes de marzo. De allí podemos deducir que las ilustraciones son una especie de compañeras en la poesía de Pombo, que ayudan en el establecimiento de una cierta cronología a pesar del carácter cíclico de las constelaciones. Son mudables, y representan hasta cierto punto el paso del tiempo: en la siguiente página se reproduce la constelación de Géminis, conjunto estelar asociado con el solsticio del verano, y, en efecto, el poema menciona la noche de San Lorenzo, fiesta celebrada en agosto. Sin embargo, lo destacable de las constelaciones, por el mero hecho de presentarnos una distinta en cada página, es precisamente el carácter cíclico, lo cual sugiere la búsqueda de una trascendencia que acerca lo vivido a lo mítico. De modo que sería un craso error encontrar en estos protocolos referentes concretos a un pasado claro atestiguados por un firmamento fijo y fiable.

Si se intenta poner en orden las reproducciones de las constelaciones, se advierte que abandonan pronto la cronología como fenómeno celestial, de esa manera subvirtiendo definitivamente la noción de un discurrir cronológico. Sencillamente, según se ve reflejado en su poesía, dedicada a la rehabilitación de este firmamento, la memoria tampoco se guía por un orden cronológico. Además, de la misma manera en que las constelaciones no siguen un orden concreto, el poeta, en su verso, deja rienda suelta a la memoria para construir meditaciones que a su manera tratan de articular una experiencia de lo vivido, exactamente de la misma manera que los antiguos hicieron al narrarnos el cielo.

Ahora bien, ¿en qué consiste esta meditación de Pombo? Como en *Variaciones*, su incapacidad de captar la inmensidad de lo vivido, tan vasta e inefable como el cielo que precede cada poema, le obliga a concebir su poesía como una serie de movimientos. Según señala Víctor García de la Concha en su reseña del libro, «La memoria se convierte de este modo en "mapa del mundo". El problema radica en acertar a leerlo no como simple añoranza de lo que ha pasado o de aquello por lo que pensamos, sino como impulso hacia el milagro de la comprensión del mundo».

A modo de resumen, quisiera remontarme a una declaración hecha por otro personaje de Pombo, el escritor Pancho, protagonista de la novela *El hijo adoptivo*; según él, «Escribir es ser, intensísimamente, autoconscientes. Y la autoconsciencia sólo alcanza su satisfacción en otra autoconsciencia». Según se ha visto en esta introducción, Álvaro Pombo lleva a cabo este proyecto también en su poesía, a pesar de su índole aparentemente impersonal. Al explayar sus recuerdos más íntimos en su verso, éstos pierden su referencialidad concreta universalizándose a través de su mutación en imagen poética. Lo que comienza siendo una búsqueda personal, dificultada por el carácter proteico de la palabra se convierte así en una meditación fluctuante sobre la inmutabilidad de la condición humana. El lector de la poesía de Álvaro

Pombo jamás abandona su mundo poético, y es precisamente en este contexto donde radica la grandeza de este singular escritor. Como en el caso de los seres sustanciosos que pueblan su universo narrativo, especialmente en sus últimas novelas, el lector sabe que la meta de la sustancia, la compenetración con el otro, es un ideal platónico, una verdad inalcanzable, un proyecto imposible pero no por eso menos digno de emprender.

ANEXOS

TEXTO INTRODUCTORIO
A *PROTOCOLOS*

–Dígame.

–Le traigo un original por si usted lo considera publicable.

–¿De qué se trata?

–Es un pequeño volumen de poemas.

–Veamos... *Protocolos*, extraño título. Sin embargo, protocolo, etimológicamente, significa la primera hoja encolada o pegada, lo que, en sentido estricto, equivale a la portada de un contenido, cualquiera que sea su naturaleza.

–Con el título *Protocolos* fundamentalmente pretendo subrayar el aspecto «impersonal» de la creación poética ardientemente subjetiva. Protocolo es, aparte de otras consideraciones, un modo «formalizado», «oficial», deliberadamente distanciado de formular; y es precisamente ese carácter distante, y bajo otros aspectos irónico, lo que salva a la poesía «intimista», en el mal sentido de la palabra. Poesía –como repite Eliot–: *is escape from personality*. No se trata únicamente de que el poeta (en este caso, yo mismo) se avergüence de ser el sujeto gramatical, sino de afirmar que el poeta sabe de sobra que sus poemas sólo valen en la medida en que su individualidad condicionante se pierde o se transfigura en voz colectiva, en nosotros. No es sólo, como decía Pascal, que «el yo sea odiable, detestable y lo demás», sino que si se presenta exclusivamente como puro yo, apenas existe.

–¿Entonces usted pretende evadirse, diluirse o eliminarse en su creación poética?

–Exacto. Cualquier poesía entiendo que debe ser «intersubjetiva», en el más puro sentido husserliano. Para salvar *Protocolos* de la endemia de nuestro siglo, que es oscilar entre rabioso individualismo inidentificable («el individuo es inefable», solían decir los escolásticos) y rabioso colectivismo sin sustancia, *Protocolos* se vale de una irónica «apariencia de serie», un semblante morfológico tipográfico como de haber sido compuesto, poco más o menos, como lo compondría una computadora deshumanizante.

–Quizá convenga de su parte mayores precisiones.

–Protocolizar es una cierta manera de testimoniar una actividad peculiar como la poética, que requiere tal vez más que cualquier otra, insisto, un proceso formalizante, ironizante, distanciante. Dice Rilke en el *Réquiem al conde Wolf van Kalckerth*:

> *Oh vieja maldición de los poetas,*
> *que se lamentan cuando debían hablar...*
> [...]
> *que usan del idioma como los enfermos,*
> *lleno de ayes,*
> *para describir dónde les duele,*
> *en vez de transformarse duramente en las palabras,*
> *como el cantero de una catedral,*
> *se transmuda tercamente en la indiferencia de la piedra.*

Hoy esa definición del poeta es más necesaria que nunca, pues existe una lamentosidad generalizada, sentimentalismo verboso que puebla páginas y páginas de las revistas literarias con el poeta en cueros, como un rinoceronte delicado, señalándose a sí mismo. Entiendo que la función del poeta es transformarse tercamente en la calma de la palabra; pero esa transformación es muy difícil de realizar. Esa objetivación y transustanciación metafórica de la conciencia singular exige considerable esfuerzo y dilatado plazo; como diría Rilke, una paciencia infinita. Cabe el atajo de la formalización irónica de la realidad y de la transfiguración de la melancolía en la distancia.

–De acuerdo.

ÁLVARO POMBO (1973)

RESPUESTA INICIAL

Para el libro Protocolos, *de Álvaro Pombo. (Y para la carta que me escribió desde Londres, en que me dice, entre otras cosas:* «Nosotros somos esa generación timorata, cuajada de usías, autoridades y respetos, que nació en el año 39. Una generación deferente y vacuna que pasará a la historia por sus buenos modales. Yo soy, como mi generación, falso y cortés. Decirlo no puede ya empeorarme y me alivia»*).*

Sería injusto   Pombo   sería felinamente injusto lo que dices del latrocinio puro de Dios que falta en una mejilla verdadera

Sería injusto desaparecer de esa manera   faltar de esa manera   y todo porque Hegel aprecia tanto «la seriedad de lo negativo»

Yo también aprecio la confirmación del espejo   su intimidad de bulto   y si crujen las botas bienandadas de un muerto familiar que se aleja

¿Qué me dices de pies que se te enredan y esa necesidad de estar entre paréntesis y almacenar los votos inactivos que resulta que son los que más nos alivian?

¿Y qué me dices de Kierkegaard   mucho más enigmático y realista cuando sus paradojas de Abraham y la Biblia se oponen a todo contrabando religioso?

Dejémonos de amor y de monsergas   Los muertos no pueden
abrazarnos   Su obstinación no peca de labios inmortales   pañuelo enamorado o casero pregón de espiritismo

¿Te das cuenta   Pombo   te das cuenta de lo cerrado y lóbrego que
es todo eso   de que no hay aire libre   ni exigencia de página
ni ese *relente* angelical *que era hermano nuestro?**

Qué bien   en cambio   que te duela incansable *la maleta* dentro de
la *chaqueta*   y que vuelva a llover y a sollozar con ganas provincianas *en el barrio ondulado* y *tierno de la víspera*

Dejemos a los muertos que sigan sin poder salir otra vez del patio
del colegio   ni de la tarde frágil como el agua del puerto   ni
del salón cargado de cortinas

Sería injusto   Pombo   pero no sería disparatado   sería levemente aburrido y tal vez inoportuno que la muerte no fuera exactamente como nosotros sino un poco más limpia

Hoy por hoy   nos manchamos con su ayuda oficial de periodismo
sus falsos aforismos y sus falsos tranvías que censuran los pasos
pecadores que dio la comparsita

Tus respetos y usías se agotan en legítimas historias bien alimentadas pero que todos suelen ignorar y excluir hasta el deliquio

Los recuerdos carecen de amigos detallados   y tú das por supuesto
que hay que falsearlos de acuerdo con tu fatal convencimiento
de que eres *un caso maligno de catarro común*

* Los pasajes en cursiva son expresiones de A. P.

No podemos colaborar con un mando superior de estalactitas
No podemos hacer que las estalagmitas detengan sus puntadas
y se entiendan corteses con tus buenos modales

Mi respuesta inicial te invita a los manteles de entretiempo   y al
goce de una esquina descalza sin premura   y al desgaste de
anónimas beldades sin hombros conocidos

Pero no te preocupes   que yo no pienso reprocharte nada de lo
que te figuras   y te dejo aprender las fechas *deferentes y vacunas*
creciendo sin permiso hacia tu catafalco

LUIS FELIPE VIVANCO

PRÓLOGO A *VARIACIONES*

Tras la publicación, en 1973, de unos injustamente ignorados *Protocolos*, titubeante, brillante prólogo a su mejor poesía, y, en 1977, los importantes y discutibles *Relatos sobre la falta de sustancia*, Álvaro Pombo llega, con *Variaciones*, a la más arriesgada e indiscutible madurez. Lo que sorprende ahora es la implacable seguridad de su aventura poética. Si en su primera poesía oscilaba entre un peligroso respeto –no exento de irreverencia– por las formas más tradicionales de nuestra lírica y la ruptura más radical, y en los relatos rescataba lo más valioso de Unamuno (no, desde luego, su «mensaje» sino la insólita desnudez de su escritura), aquí atraviesa sabiamente la esencia angustiada de Vallejo, la riqueza de Saint-John Perse y el viaje dantesco-eliotiano para crear un lenguaje hecho de estas experiencias y, digamos, al margen, más allá de ellas. Poesía engañosa, atractiva por todo lo que al final no es, inmediata y oscura, llena de aparentes símbolos e igualadora de las cosas porque todo es genérico y sin sustancia, digno de reivindicación y sin jerarquías: vida que no es superior a la muerte, amor que no es superior ni menos irreal que el recuerdo del amor.

Pero aceptar que las apariencias son producto de la imaginación fabuladora no es negar su necesidad y, por supuesto, su existencia. De nuevo nuestra viciosa inclinación estructuradora y cartesiana nos engaña (y jovialmente nos engaña un poeta dotado –no es frecuente– de un insólito humor), porque si no hay jerarquías entre los objetos (cosas, como nosotros) tampoco las hay entre lo real y lo imaginado. Y así, los grandes temas de la poesía quedan incorporados: el viaje a la ciudad irreal que empieza a existir como presencia y ausencia apenas de-

221

seada, la nostalgia de la infancia cuando el mundo todavía no es una abstracción y las palabras *son* imágenes, la presencia de la muerte (no otra cosa evocan los objetos, los sentimientos, las oficinas, la vida) y de Dios, el máximo fabulador.

Pero por lo mismo que no hay jerarquías los mínimos objetos son tan valiosos como los más urgentes deseos, «velámenes lúcidos e indecisos como nosotros mismos», y como nuestros libros. Y aquí está, en dos direcciones, la mayor originalidad de la poesía de Álvaro Pombo: la recuperación de lo más mínimo, de lo más nerudianamente elemental (los primeros habitantes del mundo, los objetos de un escaparate, objetos asimismo de la memoria, la vegetación y sobre todo las flores de la vegetación: experiencia, recuerdo y decorado) en su esencia más profunda, con una intensidad de percepción que no tolera emociones en una poesía de interjecciones, invocaciones e imprecaciones, de elaborado hipérbaton, de versos que se alargan y se acortan sin más disciplina aparente que una poderosa visión por encima de los sentimientos: el poeta demiurgo y el místico de lo más rastrero o lo más insignificante. Y, por lo mismo que cada uno de los objetos convive con lo más alto del ser humano o del universo o de Husserl, es lógico que para el lector acostumbrado a una ordenación jerárquica resulte una poesía caótica o surreal. Si Vallejo y García Lorca son los ejemplos llamémoslos ilustres de una lírica deslumbradoramente fácil por su inmediatez, oscura en la raíz de su irracionalidad, Pombo, con parecido deslumbramiento, trabaja sobre los datos más inmediatos de la conciencia para llegar, en la intensidad de su percepción, a los niveles de lo irracional, descubriéndolos y a la vez desjerarquizándolos: reivindicándolos. Libro cerrado que avanza unitariamente y enriqueciéndose, sin las más imprescindibles referencias, sin el hilo evolutivo a que estamos acostumbrados, con hermosísimas imágenes elaboradas con la delicadeza del mejor alfarero para moldear una rigurosa sensibilidad: una experiencia intelectual visualizada, la intensidad del origen del lenguaje. Marginada, aislada de las actuales tradiciones, la poesía de Pombo representa una de las más originales aventuras y una de las más intensas desdramatizaciones de la condición humana.

J. A. MASOLIVER RÓDENAS

CASI DIEZ LÍNEAS LARGAS ACERCA DE *PROTOCOLOS PARA LA REHABILITACIÓN DEL FIRMAMENTO*

Es un hecho notable que «casi» no signifique sólo algo menos sino también algo más. Estas casi diez líneas tratan de ser casi una explicación de lo único que puedo yo explicar con claridad: el título de este poema. Siguen a continuación una serie de variaciones que denomino «protocolos» por referencia al uso cortesano o diplomático de esta expresión. Como cuando se habla del protocolo de la Corte de los Austrias. El verdadero título de este libro –que debe leerse como un solo poema, dividido en varios movimientos, o en varios tiempos o en varios ritmos– debería ser «Protocolos para la exaltación del cielo» porque «rehabilitación» y «rehabilitar» es lo que se hace con nuestros viejos huesos después de un accidente. Y el cielo no ha sido nunca víctima de la casualidad ni del azar. El cielo nos precede y no es accidental. De aquí que hablar de rehabilitarlo sea un tanto absurdo. La palabra «exaltación» tiene la ventaja de designar una actividad originaria y como preternatural. La naturaleza no caída, la primera naturaleza, no puede ni re-suscitarse ni rehabilitarse: eso corresponde a la segunda. Y el cielo es la única cosa que no puede ser objeto de intercambio entre particulares, ni, por lo tanto, anunciarse en ningún «Segundamano». Ocurre sin embargo que todo lo anterior es un elucubrar muy *demodé*. A la moda se está del otro lado. No voy a citar citas citables. Y no nombraré nombres. El pecador, se omite. Pero el pecado se declara. Es éste: el cielo ha sido en este siglo concienzuda y sistemáticamente inhabilitado por la combinada actividad deconstructora de los teólogos, los científicos y los propios poetas. El cielo –nos han dicho– es un fenómeno físico. Y por lo tanto, no es ni más ni menos celestial que un pimiento morrón, un ratón o una colección de yesos espejuelos. Esto es, sin duda, redundante. En cuanto objeto físico, en efecto, el cielo no puede habilitarse ni inhabilitarse. No cabe ni deja de caber dentro de ningún tratado general de semiótica. Es el inmune puro que preside el transcurso de todos los discursos, contagios y epidemias. Lo único que podía inhabilitarse –y se ha hecho– es el cielo metafísico, el cielo como forma simbólica, el cielo noumenal. Al alimón los pavidoctos todos, han echado por tierra al cielo etéreo e ígneo y pétreo y metafísico. Mal rayo les parta.

El fenómeno físico del cielo es la materia poderdante que permite constituir imágenes tan poderosas y tan vivas hoy como en los tiempos de Aristóteles o de los olmecas y los mayas. Mi intento en este libro no es, pese a las apariencias, un intento complicado ni tampoco, en ningún sentido estricto, metafísico: el cielo es mi paisaje favorito: un paisaje que para nosotros, hombres del planeta Tierra, depende de la luz del sol. El cielo es el lugar de la luz, donde florecen y declinan todos los lados de todas las cosas y todos los paisajes. El cielo es el fondo, el fundamento y también el sumidero de mi exaltación más continua. Esto es todo lo que cabe decir del cielo en prosa. El resto es el poema titulado «Protocolos para la rehabilitación del firmamento», de cuyo autor, Álvaro Pombo, se dice que decía con frecuencia: «El cielo me precede».

ÁLVARO POMBO (1992)

ÍNDICE

Prólogo, *por José Antonio Marina* 7

PROTOCOLOS (1973)

111. *Aña hice caca* 21
122. *Sobre el Retrato de* 22
133. *Souvenir de Juan Víctor Navarro* 23
144. *Sobre el Retrato de un Muchacho* 25
155. *Retrato de un Niño* 27
166. *Enumeración* 28
177. *Enumeración* 29
188. *Enumeración* 31
199. *Elegía* 32
2110. *Aquella noche templada* 33
2211. *He aquí el viento* 34
2312. *En el henar de la mirada* 36
2413. *Rehicimos* 38
2514. *Tú sabías* 40
3115. *De esas palomas borrosas de estelas funerarias* 41
3216. *No nos develaba* 42
3317. *Cacerías silentes* 43
3418. *Fragancia bien ordenada* 44
3519. *Adrede oscurecimos la apariencia remota* 45
3620. *Y danos la paz o lo que sea* 46
3721. *¿Dónde irá el fragoroso* 47
3822. *Oída tristeza de la palabra lluvia* 48
3923. *Era Otoño madre* 49
4124. *No tuvimos cuidado con la muerte* 50
4225. *En el jardín hay tiempo que perder o ganar* 52
4326. *Han crecido los niños* 53

4427. *Y marineros* 54
4528. *Diástoles de fuentes* 55
4629. *Si estas islas se multiplican será pronto Septiembre* 56
4730. *Tú mismo has hecho* 57
4831. *He vuelto a medrar a costa gris del alba* 58
4932. *Me canso pronto me canso de mañana* 59
5133. *No tiembla una sola rama* 60
5234. *Si existieras* 61
5335. *Te perseguí por los bosques* 62
5436. *Fingí abrir la cancela* 63
5537. *Mañana me iré definitivamente* 64
5638. *Te quiero cuando no quiero* 66
5739. *La memoria ilustra* 67
5840. *Amado mío* 69
5941. *Amada mía* 71
6142. *Arbolito verde* 72
6243. *Lo he oído ayer tarde o ayer noche* 73
6344. *La pequeña distancia que separa* 74
6445. *La muerte es como nosotros* 75
6546. *Tristemente famosa* 76
6647. *Estoy seguro de estos peces que lloran* 77
6748. *A la muerte la faltan* 79
6849. *No se pierden* 80
6950. *¿Quiénes somos?* 81
61051. *Registro de Últimas Voluntades* 83

VARIACIONES (1978)

Variación primera 89
Variación segunda 90
Variación tercera 91
Variación cuarta 92
Variación quinta 93
Variación sexta 94
Variación séptima 95
Variación octava 96

Variación novena 97
Variación décima 99
Variación undécima 100
Variación duodécima 101
Variación decimotercera 103
Variación decimocuarta 105
Variación decimoquinta 107
Variación decimosexta 111
Variación decimoséptima 112
Variación decimoctava 113
Variación decimonona 114
Vigésima variación 115
Variación vigesimoprimera 116
Variación vigesimosegunda 117
Variación vigesimotercera 118
Variación vigesimocuarta 119
Variación vigesimoquinta 120
Variación vigesimosexta 121
Variación vigesimoséptima 122
Variación vigesimoctava 123
Variación vigesimonona 124
Trigésima variación 125
Variación trigesimoprimera 127
Variación trigesimosegunda 129
Variación trigesimotercera 131
Variación trigesimocuarta 132
Variación trigesimoquinta 133
Variación trigesimosexta 134
Variación trigesimoséptima 135
Trigesimoctava variación 136
Variación final 137

Hacia una constitución poética del año en curso (1980)

1.1. *He oído los pasos de un tropel funerario...* 141
1.2. *Ahora que no abarcas suficientes henares* 142

1.3. *La luna siempre al borde varíe o no varíe...* 143
1.4. *Dominio en tierra alzada octubre de los cántaros* 144
1.5. *Trasladaron poco a poco las palomas los árboles* 145
1.6. *Una mujer, al regreso, les ofreció pan y vino y manzanas* 146
1.7. *El fallecimiento de todos los pájaros tuvo lugar según dicen* 148
2.8. *Ilegible es el sol desvinculador del mundo* 149
2.9. *dicen que Dios de niño era lo mismo* 150
2.10. *y seré igual que todos y lo mismo* 151
2.11. *Pavimento solar pavesa impávida* 152
3.12. *Has visto sólo una ciudad por fuera* 153
3.13. *Esas miles de fotos sobre miles de tumbas* 154
3.14. *imitación súbita de este mundo igualado* 155
4.15. *Parece que es la luna por las huecas montañas* 156
4.16. *Avenida de las escalinatas inconsecuentes, avenida* 157
4.17. *Nada nos enseñaron previas generaciones...* 158
4.18. *Cula culona la mona es una mona...* 159
4.19. *Resol de piedras rosas, academia del éter* 160
4.20. *Vuestra es la luz de toda España, Hermanos* 161
4.21. *Todos los árboles eran un solo árbol...* 162

PROTOCOLOS PARA LA REHABILITACIÓN DEL FIRMAMENTO (1992)

Nota bene para dar razón de la apaisada maquetación de los
  Protocolos para la rehabilitación del firmamento 165
Protocolos para la rehabilitación del firmamento 167

Epílogo, *por Ernesto Calabuig* 181
Estudio de Wesley Weaver 191

ANEXOS

Texto introductorio a *Protocolos, por Álvaro Pombo* 215
Respuesta inicial, *por Luis Felipe Vivanco* 217
Prólogo a *Variaciones, por J. A. Masoliver Ródenas* 221
Casi diez líneas largas acerca de *Protocolos para la rehabilitación*
  del firmamento, por Álvaro Pombo 225